中国检察体制改革研究

ZHONGGUO JIANCHA TIZHI GAIGE YANJIU

秦文峰 ◎ 著

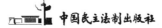

中国民主法制出版社

图书在版编目（CIP）数据

中国检察体制改革研究/秦文峰著．—北京：中
国民主法制出版社，2023.3
ISBN 978-7-5162-3095-4

Ⅰ．①中…　Ⅱ．①秦…　Ⅲ．①检察机关—司法制度—
体制改革—研究—中国　Ⅳ．①D926.304

中国国家版本馆 CIP 数据核字（2023）第 027418 号

图书出品人：刘海涛
责 任 编 辑：陈　曦　张雅淇

书名/中国检察体制改革研究
作者/秦文峰　著

出版·发行/中国民主法制出版社
地址/北京市丰台区右安门外玉林里 7 号（100069）
电话/（010）63055259（总编室）　63058068　63057714（营销中心）
传真/（010）63055259
http：// www.npcpub.com
E-mail：mzfz@ npcpub.com
经销/新华书店
开本/16 开　710 毫米×1000 毫米
印张/10.5　字数/153 千字
版本/2023 年 3 月第 1 版　2023 年 3 月第 1 次印刷
印刷/三河市宏图印务有限公司

书号/ISBN 978-7-5162-3095-4
定价/45.00 元
出版声明/版权所有，侵权必究。

序 言

PREFACE

近年来，中国检察机关以习近平新时代中国特色社会主义思想为指导，深入贯彻落实习近平法治思想，按照"讲政治、顾大局、谋发展、重自强"的检察工作总要求，以检察业务的高质量发展服务经济社会高质量发展，助力国家治理体系和治理能力现代化，各项检察工作都取得了显著的成绩。从统计数据来看，以2020年为例，全国检察机关共批准逮捕各类犯罪嫌疑人770561人，提起公诉1572971人，立案查处司法工作人员利用职权实施的侵犯公民权利、损害司法公正犯罪1421人，办理各类公益诉讼案件151260件，提出民事抗诉案件4994件，提出民事再审检察建议9900件，提出行政抗诉案件182件，提出行政再审检察建议198件，[1] 检察机关的工作为保障国家安全、维护法治统一、促进司法公正贡献了巨大力量。总结起来，取得的成就主要有以下四点。

第一，在国家治理方面，检察机关积极作为，"四大检察"全面发力，持续推进更高水平的平安中国、法治中国建设，更加自觉地在提升国家治理效能中担当作为。

第二，在反腐败方面，检察机关履职尽职，协同完善监察执法与刑事司法衔接机制建设，为反腐败工作注入不竭动力，不断厚植党的执政根基。

第三，在服务保障方面，检察机关紧紧围绕国家发展大局，以检察服务助力经济社会发展，积极贡献检察智慧与检察力量，全力维护社会公平正义。

第四，在为民服务方面，检察机关秉持"天理国法人情"理念，紧扣"民心"这个最大的政治，以最大的善意，努力办理每一起案件，积极探索溯源治理，以检察为民增进民生福祉。

---

[1] 数据统计来源于最高人民检察院2021年工作报告。

在取得巨大成就的同时，中国检察体制也面临着现实的改革压力。一是宪法规定检察机关是国家的法律监督机关，但具体的监督方式略显逼仄与乏力，检察人员的法律监督能力存在短板与弱项；二是新时代人民群众对法治水平的要求越来越高，但中国法治建设进程中，特别是司法职权配置及行使中内外部的监督制约机制存在着进一步完善的空间；三是在保证司法公平公正的整体要求下，司法效率问题不容忽视，需要下大气力平衡与把握效率与公平之间的冲突；四是面对世界司法人权保护的最新发展趋势，如刑事被害人的权利保护、犯罪嫌疑人权利救济及检察职权的内容与范畴；等等，均需要正面回应并逐步加以解决。

在全面建设社会主义现代化国家，实现中华民族伟大复兴中国梦，实现国家治理体系与治理能力现代化的大背景下，中国检察机关更加聚焦监督主责主业是检察体制改革的必由之路，以不断满足新时代人民群众对民主、法治、公平、正义的新要求。对中国检察机关的监督制度进行改革，铺陈与设计更加完善的监督路径，是当前无论实务界抑或理论界均需要深入思考的问题。只有进一步推动中国的检察体制改革，才能符合新时代全面依法治国的内在需求，才能满足人民群众对依法治国的新期盼，才能真正顺应历史发展的大势。

思考本书的主题，不能做空中楼阁式的研究，要"双脚落地"：一只脚落于过去的传统，另一只脚落于当下的实践。从推进国家治理能力现代化、法治化的目标出发，全面梳理既往经验，总结现有特点，学习其他国家和地区相关制度建设和发展的有益做法，探寻内在的客观联系，直面而不避讳具体问题、结构性问题。在当前司法改革和国家治理能力现代化的时代背景下，通过紧密结合、沟通理念与实务，拙作致力于阐明中国检察体制的"前世今生"：从哪里来（起源流变）、现在如何（现状）、到哪里去（未来趋势），以及背后发挥影响的诸多因素，包括经济基础、现实考量、学术观点等，进而从宏观和微观两个层面同步展开，阐释中国检察体制改革的思路、方案及具体实施，遵循"发现——解析——解决"的线性过程，以理论指导实践，为中国检察体制改革谋定方向和勾画"路线图"。

目 录

CONTENTS

第一章 **检察体制改革概述** _ 001

    第一节 检察体制的基本范畴 _ 001

    第二节 检察体制改革与相关改革的关系 _ 016

    第三节 中国检察体制改革的动因 _ 022

第二章 **检察体制改革的指导理论** _ 028

    第一节 社会主义权力监督理论 _ 029

    第二节 人类其他文明中关于权力制约等法学理论 _ 036

第三章 **中国检察体制改革的历史与现实** _ 042

    第一节 中国检察体制的历史沿革 _ 042

    第二节 当前检察体制改革的现状 _ 059

    第三节 检察体制改革的现实困境 _ 067

第四章 **域外检察体制改革的实践与启示** _ 079

    第一节 大陆法系：代表性国家的检察体制及其特点 _ 080

    第二节 社会主义法系：苏联检察体制改革实践及其特点 _ 092

    第三节 突变与改革：俄罗斯检察体制改革实践及其特点 _ 096

    第四节 "一国两制"：中国港澳台地区的检察体制及其特点 _ 100

    第五节 域外检察体制改革实践的启示 _ 104

第五章 **中国检察体制改革的基本设想** _ 110

    第一节 中国检察体制改革的指导观念 _ 110

第二节　中国检察体制改革的具体任务 _ 114

第三节　中国检察体制改革的推进重点 _ 119

第六章　**中国检察体制改革的具体思路** _ 126

第一节　健全依法独立行使职权的检察保障机制 _ 127

第二节　建立高效的检察组织体系 _ 128

第三节　建立合理的检察权运行程序 _ 134

第四节　建立有效的检察监督体制 _ 137

第五节　建立完善的检察保障体制 _ 146

鸣谢 _ 160

第一章
检察体制改革概述

▌第一节　检察体制的基本范畴

一、检察体制的基本概念

对检察体制的研究首先离不开对概念的辨析，对概念的剖析是分析与研究的前提与基础，只有厘清此与彼的概念，才能分清其界限。

（一）体制的基本概念

《辞海》对"体制"一词的解释是："国家机关、企业事业单位在机构设置、领导隶属关系和管理权限划分等方面的体系、制度、方法、形式等的总称。"① 历史唯物主义认为，体制是联系社会有机体三大子系，生产力、生产关系与上层建筑之间的结合点，是在三方之间起到桥接作用的媒介。② 易言之，制度在外在形式方面即为体制，亦即体制是国家基本制度的形之于外的具体表现和实施形式。一方面，其服务于基本制度，是管理经济、政治、司法、文化等社会生活各个方面事务的具体规范体系，因此体制的形成与发展均要受到基本制度的规范与制约。另一方面，由于体制将基本制度的原则性内容与规定进行具体化的操作，促进着基本制度的实现与巩固，因而体制也能够对制度的完善与发展起到重要作用。因此，如果体制建立健全，符合客观实际，制度的作用就能很好发挥；但当体制存在缺陷或不符合客观实际，或没有随着客观实际的变化而变革，制度的作用就得不到应有的发挥。

---

① 辞海编辑委员会：《辞海》（修订本），上海辞书出版社1999年版，第163页。
② 李乐平：《准确把握检察体制概念和要求》，载《检察日报》2012年6月9日，理论版。

体制一词常与制度混淆。制度，一般可分为根本制度、体制制度和具体制度三个层次。根本制度属于宏观层面，具有高度的抽象性和系统性，指的是在一定历史情境下，社会生活中政治、经济、文化等形成的集合，亦是一种高度集合化的体系，最为我们所熟知的就是社会政治制度的划分，如社会主义制度；至于体制制度，依据字面意义通常被理解为各种公权力机构或含公权力因素的各机构的机构设置以及权力划分的制度，其属于制度的中间层次，指的是社会细分的系统，如政治体制、经济体制，也可以是国家机关、企事业单位的组织制度；具体制度则更加微观。

（二）检察体制的具体所指

具体到"检察体制"，中国现行的检察体制作为中国司法体制的重要组成部分，是中国检察制度的具体表现和实施形式，由于中国检察体制在建立与发展初期受到了苏联的检察体制与列宁监督思想的影响，因而与西方检察体制产生了重大分野，形成了不同的发展道路。司法体制与司法制度之间有时难以区分其界限，检察体制与检察制度亦然。① 但是笔者认为，检察体制改革应当立足于检察规律，在以建立公正高效的检察体制为目标追求的前提下，在改革内容上重点关注检察体制的改革，并辅以制度机制改革。现行检察体制一直存在检察职能定位不清和检察机关依法独立行使检察权保障机制不健全两大诟病，由于检察机关在运作过程中可能受到来自内外部的不当干预，使得检察机关的独立性、执法公信力均受到较大程度的质疑，因此，检察体制改革的核心应当归于检察权与检察职能的问题，其范畴基本上应当围绕着检察权的性质与配置、检察机关的职能与性质、领导体制、工作机制等展开。更进一步来说，检察体制就是检察权的运行制度，是指国家就检察权设定的权力范围、运行的程序及工作原则等所作的系统规范。② 检察体制具体包括三个方面：其一，检察权的性质与配置。其二，检察机关的职能与组织制度。其中，检察机关的组织制度又包括内外组织关系两个部分：内部组织关系是指检察机关各工作部门内部及其相互之间的关系，主要管控具体案件在检察机关组织间的运行；外部组织关系是指检察机关与执政党和其他国家机关的关系，如检察机关的机构设置体系、经费保障机制等。其三，检察官制度，包括检察官的条件、

---

① 朱立恒：《社会主义法治理念视野下的司法体制改革》，法律出版社 2012 年版。
② 陈卫东：《转型与变革：中国检察的理论与实践》，中国人民大学出版社 2015 年版。

产生方式、任期、培训、待遇等。

二、检察体制的内在要素

由检察体制的基本概念观之，检察体制的内在要素包含众多，但主要有五个要素：运行程序、职能设定、领导体制、监督体制和保障体制。探讨检察权的定性关系到检察机关的性质、职能、地位与领导机制，准确厘清检察权的性质对于认识中国当代检察体制的运行机理、应对与完善检察体制在理论与实践层面存在的问题极为必要。

（一）运行程序：取决于检察权性质

检察权依靠何种程序运行，这是检察体制关注的一个关键要素，要回答该问题首先应当厘清检察权的性质，因为权力的性质决定了其本身的运行程序。关于检察权的性质，中国理论上的认识并不统一。

1. 检察权的性质的学说类型

每种改革必须理论先行，中国检察体制改革亦然。由此，改革的首要前提即为检察权性质的厘清，学界对于检察权的定性始终存在着观点上的分歧，主要归纳为以下四种观点。

一是司法权属性说。这种观点认为检察官的确不是法官，但认为检察官与法官具有高度近似性，属于"同质但不同职"，检察官"如同法官般"执行着司法领域内的重要功能，进行事实的查明与法律的适用，[①] 同时检察对审判具有重要影响，检察官与法官就如同相互牵动的齿轮一般密切契合。[②] 较之于检察权定性为行政权，检察机关行使职能的独立性以防范不当的行政干预，检察官执行办案活动就要受到行政指令的制约，从而可能与法治的要求背道而驰。但该学说亦存在漏洞，现代检察体制均致力于保障检察官不受外部干扰独立行使职权，但是检察机关的内部一体化使得难以否定其行政性；检察官同样进行着查明事实与执行法律的职能，但检察官始终不具有居中裁判的司法职能，其并不享有如法官系统一般的独立性保障。

二是行政权属性说。这种观点认为，检察体制作为检察机关组织与行动的基本原则，具有典型的行政特性。学者洪浩认为，作为世界通例，检

---

① 林钰雄：《谈检察官之双重定位》，载《台湾刑事法杂志》1998 年第 12 期。
② 陈卫东：《转型与变革：中国检察的理论与实践》，中国人民大学出版社 2015 年版。

察权在西方世界是行政权的重要组成部分。① 学者陈卫东认为，检察权是作为公诉权代表国家提起公诉，其本质上亦属于行政权，② 如德国学者布赫即认为检察机关的追诉活动属于行政事项。③ 较之于检察权定性为司法权，学者郝银钟认为检察权的属性与司法权的属性是完全相悖的，其坚持检察权在本质上仍属行政权。④

三是法律监督权属性说。这种观点认为司法属性和行政属性只是检察权的局部特征，而其根本属性是法律监督权，这是检察系统内部的主流观点。该观点在社会主义国家较为多见，认为检察机关不仅拥有西方国家中检察机关拥有的各项监督权力，此外还具有监督行政执法与审判活动的职能。⑤ 学者叶建丰、刘立宪、张智辉等对此种观点持肯定态度，⑥ 虽然检察权具有浓厚的行政性和司法性，但无法脱离其法律监督的本质属性。但是也有学者认为此种观点混淆了法律监督职能与诉讼职能的区分，⑦ 质疑检察机关的法律监督地位，⑧ 并认为检察权属公诉权而非法律监督权。⑨

四是行政和司法双重属性说。这种观点综合了检察机关的上下一体化的行政属性与以独立适用法律追诉犯罪为目的的检察活动的司法属性。学者龙宗智对此学说持肯定态度，但是该学说可能导致两类特性的协调问题，仍需要进一步完善。⑩ 美国学者琼·雅各比也提道，美国的检察官行使着一半司法、一半政治的"特殊的混合的权力"。⑪ 学者林钰雄认为不能将检察权的行政和司法两种属性完全割裂开来，应在三权之外来判断。⑫ 但学者叶建丰、张智辉等人对此学说持否定态度，认为需要进一步探讨并

---

① 洪浩：《检察权论》，武汉大学出版社 2001 年版。

② 陈卫东：《我国检察权的反思与重构——以公诉权为核心的分析》，载《法学研究》2002 年第 2 期。

③ 转引自林钰雄：《谈检察官之双重定位》，载《台湾刑事法杂志》1998 年第 12 期。

④ 郝银钟：《检察权质疑》，载《中国人民大学学报》1999 年第 3 期。

⑤ 陈卫东：《转型与变革：中国检察的理论与实践》，中国人民大学出版社 2015 年版。

⑥ 叶建丰：《法律监督权：检察权的合理定位》，载《河北法学》2004 年第 3 期；刘立宪、张智辉等：《检察机关职权研究》，法律出版社 2001 年版。

⑦ 唐素林：《"检察权是法律监督权"辨析》，载《华中科技大学学报》2003 年第 1 期。

⑧ 郝银钟：《检察权质疑》，载《中国人民大学学报》1999 年第 3 期。

⑨ 龙双喜、冯仁强：《宪政视角下的中国检察权——兼议法律监督权与公诉权的关系》，载《法学》2004 年第 11 期。

⑩ 龙宗智：《论检察权的性质与检察机关的改革》，载《法学》1999 年第 10 期。

⑪ ［美］琼·雅各比：《美国检察官研究》，周叶谦等译，中国检察出版社 1990 年版。

⑫ 林钰雄：《检察官论》，台湾学林出版社 1999 年版。

厘清检察权与司法权的关系。①

2. 检察权性质的学说评述

从上述针对检察权属性的讨论与质疑中，可以看出目前学界对于检察权的定性问题尚未达成共识。对于检察权的性质，笔者认为检察权与司法权在某些方面具有相似性，兼备行政权的属性。

首先，司法权属性说将检察权认定为司法权。从司法权的本质属性来看，其一般包含三个方面。② （1）终局性。司法权的行使是判断争议事件的是非曲直，正确适用法律确定有关主体的权利、义务与责任，解决法律问题的过程，司法活动的实质是以纠纷冲突的存在为前提的裁判活动，除司法机关以外的其他部门组织无权对司法机关的裁判决定进行具有法律效力的否定，因此司法机关是国家解决纠纷、保障权利的最后防线，视为终局性。（2）中立性。司法的裁判功能必然意味着其中立性，司法权只有中立，其裁判结果才具有可信度，才能承担裁判是非曲直、解决纠纷的任务。在诉讼中，法官不应与控辩任何一方存在在先的利益或价值关联倾向，其必须保持中立，无偏倚地对待双方诉求，否则其本应居中的裁判地位与裁判公正性便会遭到质疑；并且，法官只能依据双方提供的证据去判断是非，一般情况下不得为证明事实而主动举证，这一点也暗含着司法权的消极被动性，即法院应当遵守不告不理原则，在无人提起诉讼的情况下一般不得主动发起对某一当事人、某一纠纷的审理与裁判，否则法官容易存在先入为主的偏见，从而影响到司法权的中立性。（3）独立性。司法官在行使司法事务时不受行政机关及其他社会团体的干预。但行政机关却并非如此，它在行使行政管理权限时必须接受上级机关的拘束。③ 司法公正就意味着司法必须以法律为唯一指引，不受他人干扰，他人也无权干预，司法如果不能够排除来源于法律之外的力量的干涉，那么所谓不偏不倚的公正判断与裁决便不可能存在，司法权只有能够抵御外来干预，尤其是政治与行政力量的干预，法官作为终局裁判者的地位才能彰显。从司法权的终局性、中立性与独立性的本质属性来看，检察机关独立行使公诉与诉讼

---

① 叶建丰：《法律监督权：检察权的合理定位》，载《河北法学》2004 年第 3 期；张智辉：《检察权研究》，中国检察出版社 2007 年版。

② 陈卫东：《实然与应然：关于侦检权是否属于司法权的随想》，载《法学》1999 年第 6 期。

③ 转引自龚祥瑞主编：《西方国家司法制度》，北京大学出版社 1993 年版。

监督等职权均符合司法权的本质属性，将检察机关定位为司法机关，将检察权定性为司法权，不仅有利于保障检察权的独立行使，而且有利于检察机关对诉讼活动的有效监督。因此，与司法权的本质属性相比，检察权与司法权具有相似性。

其次，行政权属性说将检察权定性为行政权。从检察体制自身的发展来看，国家机关承担追诉职能，作为专门追诉机关的检察机关承担着公诉的职能，以此与审判机关的职能区分开来，避免由追诉者裁判的情况发生，从而维护国家利益与社会秩序。因此，检察机关的基本职能就在于代表国家主动追诉犯罪，该职能使得在行使职权时检察官需要与被追诉者天然对立，而不应为中立、被动地进行司法审判；并且为了保障追究犯罪的高效，检察机关并不采取审判组织间相互独立的分工，而是实行上下一体化的组织活动原则，即"检察一体化"原则，由上级领导下级，下级服从上级，履行追诉犯罪的职能。因此，检察权具有行政权的某些特性，但是将其完全与行政权相对等的话，则忽略了检察权的独立属性，抹杀了检察官的独立判断权，损害了法治原则。

由于检察机关代表国家追诉犯罪，其办案活动必然牵涉公民的人身与财产权利，为保证其依法行使职权，必须保证其独立性，避免检察权服从于行政权，加强检察官的身份保障和独立性的保障，避免行政干预的风险发生，从而影响检察官的判断，导致检察活动存在不够客观公正的风险。保证检察官在行使权限内的职能时能依独立意志行使检察权，且保障该意志的实现不会因违逆某些行政干预而使得检察官的职业地位、职权保障遭受侵害贬损。因此，检察官依法办案具有相对独立性，其使得检察权具有类似司法权的特性，检察权的相对独立性属于司法权的部分特征，并不影响检察权具备行政权的属性。至于在制度设计中，充分尊重检察权运行的独立性为应有之义，如此才能保证检察权的正常运作和检察活动的正常进行，从这个意义上来说，无论检察权的定性为何，检察机关的定位为何，检察权的运作特点始终都"与任何对立法、行政和司法概念的钻牛角尖式的诠释没有多大关系"，[①] 检察权的实然运作事实上是不会也不应当因此而改变的。[②]

---

① 倪培兴：《论司法权的概念与检察机关的定位》，载《人民检察》2000年第3期。
② 陈卫东：《转型与变革：中国检察的理论与实践》，中国人民大学出版社2015年版。

3. 检察运行程序之挑战

当前司法体制改革中最为重要的一项基础性工程便是进一步拓展"以审判为中心"的诉讼制度改革，其主要是针对中国多年存在的"侦查中心主义"诉讼格局，确立了庭审实质化的重要目标。[①] 这对检察体制改革带来了挑战。2016 年 10 月，最高人民法院、最高人民检察院、公安部、国家安全部、司法部联合发布了《关于推进以审判为中心的刑事诉讼制度改革的意见》（以下简称《意见》），该《意见》涉及侦查、审查起诉、审判与法律监督工作的各个方面，进一步明确了公检法三机关的职能范围与相互关系。其中针对检察机关，该《意见》对侦查、审查起诉的实施与开展及对侦查与审判监督都予以了规范。具体而言，在侦查工作中，应加强检察机关对侦查工作的引导作用；在审查起诉工作中，应加强对案件的实质性审查，加强公诉人出庭支持公诉能力，实现庭审实质化；在法律监督工作中，应大力提高侦查监督的实质化程度，加强对确有错误的刑事判决和裁定的审判监督。

随着国家监察体制改革，检察机关的侦查职权有了较大幅度的调整。《中华人民共和国人民检察院组织法》（以下简称检察院组织法）与刑事诉讼法增设和修改了相关规定以完成监察执法与刑事诉讼的衔接，检察机关对贪污贿赂等犯罪的侦查权整体转隶至新成立的国家监察委员会，同时保留了一定的侦查权，即在法律监督中，发现司法人员存在利用职权实施的侵犯公民权利、损害司法公正犯罪可以立案侦查，同时对于公安管辖的国家工作人员利用职权实施的犯罪案件，经批准同样可以进行立案侦查。[②]同时，监察机关移送案件的衔接机制也得到了完善，包括刑事诉讼法对监察机关调查终结将案件移送到检察院进行审查起诉环节涉及的程序性机制进行了衔接，其第 170 条第 1 款规定确立了补充调查制度。至于留置与刑事诉讼强制措施的衔接，刑事诉讼法在第 170 条第 2 款规定，对于已经留置的被调查人在其移送至检察机关后，留置自动解除，检察机关对其采取先行拘留，之后根据审查的情况决定适用何种刑事强制措施。

[①]　陈卫东：《"以审判为中心"与审前程序改革》，载《法学》2016 年第 12 期。

[②]　刑事诉讼法第 19 条第 2 款规定："人民检察院在对诉讼活动实行法律监督中发现的司法工作人员利用职权实施的非法拘禁、刑讯逼供、非法搜查等侵犯公民权利、损害司法公正的犯罪，可以由人民检察院立案侦查。对于公安机关管辖的国家机关工作人员利用职权实施的重大犯罪案件，需要由人民检察院直接受理的时候，经省级以上人民检察院决定，可以由人民检察院立案侦查。"

（二）职能设定：检察机关组织体系之依据

根据中国现有法律规定，将检察机关规定为"法律监督机关"，但是实际立法上中国并没有"法律监督权"这一表述，而只存在"检察权"的表述，从法律文本上看，检察机关的公诉与监督职能也并未呈现合为一体或相互包含的关系，因此"检察权"是法律用语，而"法律监督权"只是学界的理论归纳，二者并非同一层次的概念，因此并不等同，不可同义替换。基于此，可以对检察职能一分为二：一是凡由法律明文规定，由检察机关行使的诉讼权力均属于诉讼职能；二是检察机关对其他机关、组织、个人权力进行监督的权力则属于诉讼监督职能，基于该两大职能可以进一步划分检察机关的具体职能及与之匹配的组织体系。

1. 诉讼职能：刑事检察和公益诉讼

检察机关的诉讼职能是诉讼程序的必要环节，其诉讼职能的行使将对诉讼程序产生直接的影响，有助于查明案件事实，推动诉讼程序的启动与发展。诉讼职能是检察机关的原始功能或称固有职能，从检察体制的起源发展来看，检察机关是从代表国王参与民事诉讼，到代表国家负责刑事案件侦查起诉而逐渐发展起来的，该过程表明检察机关实际上是代表国家维护社会秩序的专门机关，并且从现代各国的制度设计来看，检察机关也莫不以提起刑事公诉为首要任务。[1] 因此，从某种意义上说，在"法律监督"出现之前，检察机关与其他机关最为重大的分野就是它享有公诉权，代表国家行使追诉职能，参与法院审判成为检察机关的核心职能，这既是现代法治的要求，也是司法公正的标志。[2] 检察机关的诉讼职能主要包括侦查权、审查逮捕权、审查起诉权等，其特点主要为：诉讼职能派生出公诉权与侦查权；诉讼职能必须在横向诉讼构造（即"控辩审三方关系"）中有所作为。

除传统的刑事公诉外，检察机关也拓展了自己的视野，增加提起公益诉讼职能用以维护公众与国家的利益。尤其在环保、食品安全等涉及国计民生的领域发生直接侵害公众利益的行为，在该领域没有法定的诉讼权利代表机构；抑或是有法定的诉讼权利代表机构，但这些机构怠于行使有关诉讼权利，未对有关侵害行为提起民事诉讼的，检察机关则有权提起民事

---

① 程荣斌主编：《检察制度的理论与实践》，中国人民大学出版社 1990 年版。
② 陈瑞华：《检察机关法律职能的重新定位》，载《中国法律评论》2017 年第 5 期。

公益诉讼。如发现负责监督管理上述各类涉及国计民生事务（如环保、食品、药品事务）的行政机关，因其违法行使职权或者怠于行使职权，而给国家及公众利益带来重大损失的，检察机关应当向该行政机关提出检察建议，督促其依法履行职责，如果这些被提出建议的行政机关依然拒不履行相应职责，检察机关则可径行发动行政公益诉讼。[①] 自 2014 年以来，中国对增设检察机关提起公益诉讼的职能进行了不断的探索与完善，如党的十八届四中全会首先提出要探索建立检察机关提起公益诉讼的模式；检察机关自 2015 年起在部分省市开展为期两年的公益诉讼试点，共计办理了公益诉讼案件 9053 件；2017 年以民事诉讼法和行政诉讼法的修改为契机，检察机关公益诉讼制度由此建立；自此以后，检察机关又办理公益诉讼案件 10925 件；[②] 2018 年，最高人民检察院与最高人民法院共同发布《关于检察公益诉讼案件适用法律若干问题的解释》，对提起公益诉讼进行了细化与完善；2018 年修订后的检察院组织法对此进行了吸收与确认，于第 20 条第 4 项明确规定检察院有权提起公益诉讼。

2. 诉讼监督职能：民事检察和行政检察

检察机关的诉讼监督职能是独立于诉讼程序之外的独立环节，其诉讼监督职能的行使将对诉讼程序产生间接的影响，监督侦查及审判机关权力运作的规范化。中国法律对诉讼监督职能的设定包括了民事检察职能和行政检察职能，从广义上讲，它还包括对刑事诉讼机关进行监督的刑事诉讼监督职能、对行政执法机关的行政违法行为的监督，围绕着这种职能组建其相应的诉讼监督组织体系。中国刑事诉讼法确立了对刑事诉讼实行法律监督的原则，强调检察机关的监督职能贯穿整个刑事诉讼的全过程，即包括了立案、侦查、起诉、审判、执行的全过程中国家机关和国家机关工作人员行使公权力的行为。该职能的特点体现在五个方面：其一，诉讼监督具有单向性，监督者与被监督者之间不能反向监督。仔细观之，这种模式亦有其问题。简言之，此类监督职能的单向性会与公诉职能产生一定抵牾，使各方产生迷惑之感，还可能陷入"一行为多评价"的双重法律评价的困境，诱发出检、法两家谁才是真正刑事诉讼保障者的争论，进而无端形成理论争议。其二，诉讼监督具有滞后性，只有被监督者实施了诉讼行

---

① 陈瑞华：《检察机关法律职能的重新定位》，载《中国法律评论》2017 年第 5 期。
② 2018 年最高人民检察院工作报告。

为后才能监督判断是否启动对该行为的监督程序。其三，诉讼监督具有建议性，监督者无权作出实体处分，而是向该被监督者的主管部门提出该问题。其四，诉讼监督具有程序性，其应当并且只能在诉讼活动开始后依照程序进行。其五，诉讼监督具有中立性，监督者对监督的对象与活动不应当存在己方的利益诉求。内设机构改革作为确保整个检察体制改革乃至司法体制改革措施得以贯彻落实的配套保障措施，现行检察院组织法第18、19条规定了检察业务机构设置的主要规则，即因事而设置，不宜过多设置内部机构。① 第17条第1款还确立了派驻检察室和巡回检察监督方式，即一方面依据检察业务要求，在羁押场所公安机关可以设立检察室。另一方面，为避免检察室人员固化而影响检察效果，还设立了巡回检察，以此保障检察的公平公正性。② 这一规定为完善派驻检察室与巡回检察相结合的监督工作机制提供了法律依据。

3. 中国检察机关内设机构改革的实践

围绕着诉讼职能，检察机关内部也衍生出一套与之相配的行使并保障诉讼职能的组织体系。内设机构改革稳步推进，刑事检察、民事检察、行政检察、公益诉讼检察四大检察职能全面充分平衡发展。2019 年 1 月 3 日，国务院新闻办公室就最高人民检察院改革内设机构，全面履行法律监督职能有关情况举行发布会。张军检察长系统介绍了改革方案，将内设机构按照新的职能和办案机制分为十个检察厅。检察机关的内设机构在过去设置不科学、称谓混乱、运行不畅，这是内设机构改革的现实动因。改革方案将原来民事行政检察厅一分为三，设立分别负责民事、行政检察工作的第六检察厅和第七检察厅；同时，针对生态环境和资源保护、食品药品安全、损害英烈名誉等人民群众反映强烈的问题，专设负责公益诉讼检察的第八检察厅。同时，曾作为临时机构履行相关职责的未成年人检察工作办公室正式批准获编，排序为第九检察厅，专门负责未成年人检察工作。最高人民检察院也撤销了侦监厅和公诉厅、公诉二厅，重组为第一至第四检察厅。它们按照犯罪类型划分：第一检察厅主要负责办理普通刑事案

---

① 检察院组织法第18条规定："人民检察院根据检察工作需要，设必要的业务机构。检察官员额较少的设区的市级人民检察院和基层人民检察院，可以设综合业务机构。"

② 检察院组织法第17条第1款规定："人民检察院根据检察工作需要，可以在监狱、看守所等场所设立检察室，行使派出它的人民检察院的部分职权，也可以对上述场所进行巡回检察。"

件，第二检察厅办理危害国家安全罪、危害公共安全罪、故意杀人、抢劫、毒品等重大犯罪案件，第三检察厅办理国家监委移送起诉的职务犯罪案件，第四检察厅办理经济犯罪案件。由此可见，这次改革可谓具有历史意义的重构性整体化改革，势必产生深远影响。

（三）领导体制：从垂直领导到双重领导

在中国所有国家机关中，领导体制的反复变动以检察机关最为频繁，其经历了反复的变更与改革：自1949年的垂直领导体制起，经历了双重领导（1951年）至垂直领导（1954年）、一重领导和一重监督（1978年），发展至自1979年沿用至今的双重领导体制。

中国现行宪法第137条规定，最高人民检察院是最高检察机关，最高人民检察院统管全国各级人民检察院以及各专门人民检察院，在各级人民检察院中实行上级管理下级的垂直领导。第138条规定，最高人民检察院对全国人民代表大会和全国人民代表大会常务委员会负责，地方各级人民检察院对产生它的国家权力机关和上级人民检察院负责。由此可见，检察机关现行的是双重领导体制，其鲜明特点是检察机关既要受其上级检察机关的领导，又要对同级人大负责。

这种双重领导体制具有一定的优点，如能较好地服务保障高质量发展中的中央与地方的关系，以便在中央的统一方针政策下充分发挥地方的积极性。一方面，检察机关要对产生其的国家权力机关负责，以此确保检察机关代表人民行使检察权的本质属性，另一方面，检察机关内部上下级的管理体制有利于检察机关专业能力的精进与整体高效地履行职能。但双重领导体制往往也存在着较大的弊端，该体制下检察工作存在受到上级领导干涉的风险，并且由于检察机关人财物上的经费开支要受到地方行政上的支配管理，检察权的行使也在很大程度上会由于这种地方制约而受到消极影响。

（四）检察监督体制

检察监督体制是对检察权进行制约的重要方面，是检察权不偏离法治轨道的重要保证。检察监督体制可分为内部监督体制和外部监督体制，这两种监督体制相辅相成，共同保证了检察权的正确行使。

1. 内部监督体制

在检察内部监督体制方面，司法责任制是一项重要的内容，作为整个司法体制改革的"牛鼻子"，是最核心、最重要的改革内容，以"谁办案谁负责、谁决定谁负责"为内涵，目的在于去除在中国公检法机关被诟病多年的行政化运作模式。① 为此，中国现行的检察院组织法第 8 条确立了司法责任制作为检察工作的基本原则，② 其内涵在第 34 条③有所体现，检察官在其职权范围内对案件作出的决定负责。为落实司法责任制改革，其具体的多项配套措施已经全面开展并且初见成效。例如，确立检察官员额制与人员分类管理机制，明确了检察官队伍建设的若干问题，尤其是将之前司法体制改革的制度法规化。具体而言，一是正式确定了检察官分类管理制度。二是确定了检察官员额管理制度，并且将业务、经济社会因素视为员额分配的重要因素，同时还确立了总量控制的机制。④ 三是确立了检察官办案责任制，进一步完善了独任检察官与检察官办案组的运行机制，根据检察院组织法第 28 条的规定，检察机关办理案件，应当根据具体的案件情况确定由检察官独任审理或由两名以上检察官成立办案组以办理案件，如以办案组形式办理案件，检察长应在该办案组内指定主办检察官以组织指挥该办案组的检察工作。此外，中国现行检察院组织法也在第三章、第四章对检察委员会的职能、组成、议事规则、决定效力等方面进行了完善。

检察官办案责任制目前稳步推进初见成效。2019 年 3 月 9 日，最高人民检察院政治部副主任兼司法体制改革领导小组办公室主任王光辉表示，为贯彻落实党的十八届三中、四中全会关于司法责任制改革的部署，2013 年 11 月，最高人民检察院在 7 个省的 17 个人民检察院部署主任检察官办案责任制试点；2014 年开始在全国检察机关分 3 批开展司法责任制改革试点；2015 年 9 月，最高人民检察院发布《关于完善人民检察院司法责任制的若干意见》；2017 年 3 月，最高人民检察院制定完善检察官权力清单指导意见，强调突出检察官主体地位与检察长统一领导检察院工作相统一、

---

① 陈卫东：《司法体制改革的前沿问题》，载《人民检察》2017 年第 24 期。

② 检察院组织法第 8 条规定："人民检察院实行司法责任制，建立健全权责统一的司法权力运行机制。"

③ 检察院组织法第 34 条规定："人民检察院实行检察官办案责任制。检察官对其职权范围内就案件作出的决定负责。检察长、检察委员会对案件作出决定的，承担相应责任。"

④ 检察院组织法第 40 条规定："人民检察院的检察官、检察辅助人员和司法行政人员实行分类管理。"第 41 条规定："检察官实行员额制。检察官员额根据案件数量、经济社会发展情况、人口数量和人民检察院层级等因素确定。最高人民检察院检察官员额由最高人民检察院商有关部门确定。地方各级人民检察院检察官员额，在省、自治区、直辖市内实行总量控制、动态管理。"

明确检察官权力与强化监督制约相统一，确保放权不放任、有权不任性；2017 年 10 月，最高人民检察院全面推行检察官办案责任制。各省级人民检察院也积极完善本辖区内检察官权力清单，明确检察委员会、检察长、检察官的职责权限。同时，地方检察机关还根据案件类型、复杂难易程度，实行独任检察官或检察官办案组两种基本办案组织形式，建立了"随机分案为主、指定分案为辅"的案件承办确定机制，完善了相应案件监督管理制度、检委会工作机制、业绩评价等制度。总之，权责明晰、监管有效、保障有力的检察权运行新机制已初步建立。这一改革完成后，通过员额制改革和新型办案团队的组建，把检察院 85% 的人员配置在办案岗位，一线办案力量明显加强，司法资源得到科学合理配置；以往层层审批的办案模式，转变为大部分案件由检察官在职权范围内相对独立承办和决定，检察官司法办案主体地位凸显，员额检察官的办案责任意识普遍增强。

2. 外部监督体制

中国的法律监督存在的滞后性、单向性以及缺乏刚性等特点使得法律监督存在较为明显的缺陷，导致检察机关的内部监督效果并不理想，"谁来监督监督者"的强烈质疑始终存在。绝对的权力将导致绝对腐败，[①] 据此，外部监督显得尤为重要，而党委、人大、纪委监委、媒体监督，无论在监督的规范性还是监督的范围上均需要进一步明确、完善与细化。相对而言，人民监督员制度对于建立有效的外部监督机制在某种程度上可以从规范化、稳定性的方面进行明确和完善，能够稳定运转并起到良性作用的监督。

人民监督员制度作为外部监督体制的重要组成部分，首先，其巧妙回应了"谁来监督监督者"的难题，既契合中国人民民主专政的政治理念，也有助于公民参与司法；其次，从数据上看，2014 年深化改革以来，人民监督员共监督案件 9241 件，[②] 作为一项制度创新，党的十八届四中全会已经肯定了该制度的价值，[③] 尽管在实践中人民监督员究竟能够发挥多大的作用仍然继续有待实践检验，但是其积极目的不言而喻。根据现行检察院

---

① ［英］阿克顿：《自由与权力》，侯健等译，商务印书馆 2001 年版。

② 2018 年最高人民检察院工作报告。

③ 党的十八届四中全会指出："完善人民监督员制度，重点监督检察机关查办职务犯罪的立案、羁押、扣押冻结财物、起诉等环节的执法活动。"

组织法第 27 条 "人民监督员依照规定对人民检察院的办案活动实行监督" 的规定，并且，在人员选派方面，根据最高人民检察院推行的改革任务要求，人民监督员应由地市级以上的司法行政机关进行选任与管理，参加监督的人民监督员应由司法行政机关随机抽选。该法对人民监督员的监督范围并未进行限定，最高人民检察院的改革也在推进人民监督员的选任管理改革，以促进人民监督员的选任的公平、透明，使得人民监督员对检察机关在民事、行政、公益诉讼等领域的监督工作留下了空间并有利于促进监督工作落于实处。

（五）检察保障体制

中国刑事诉讼中的检察官一方面要代表国家追诉犯罪，承担控诉职能，另一方面还是法律规定的法律监督机关的重要成员。因此检察官制度的设立目的就在于：通过诉讼监督权制约审判权，保障刑事司法权行使的客观性和正确性；通过检察官制约公安机关的侦查行为，以此避免沦为"纳粹化"的警察国家；将检察官定位为法律的守护人，以此将法的公平正义价值贯穿刑事诉讼始终，以此惩罚犯罪，保障人权。[①] 一般来说，检察官制度包括检察官的"职责、权利义务、资格、任免、考核、培训、奖惩、工资福利、辞职、退休等一系列规定"。[②] 改革前，中国检察机关内部中阶层化明显，充斥着各种审批程序，这种阶层化的管理体制日益成为阻碍检察队伍专业化以及诉讼效率提升的重要问题，而且也引发了人人审批，无人负责的情形，使得办案责任制形同虚设。为此，党的十八届三中全会审议通过的《决定》中明确将司法体制改革作为一项重要任务来展开，尤其是提出未来执政党的一项重要工作就是确保检察权的有效运转。至 2013 年 12 月，最高人民检察院更是印发了有关办案责任制的规范性文件（《检察官办案责任制改革试点方案》），进一步明确将"去行政化、去地方化、去内部行政化"视为检察体制改革的三驾马车。同时，检察官员额制改革、职务序列、职务保障等配套措施也在新的司法体制改革背景下亟待配套与完善。

---

① 卞建林、许慧君：《论刑事诉讼中检察机关的职权配置》，载《中国刑事法杂志》2015 年第 1 期。

② 卞建林、许慧君：《论刑事诉讼中检察机关的职权配置》，载《中国刑事法杂志》2015 年第 1 期。

首先，省以下人财物统一管理与跨行政区划检察院改革是中国检察保障机制的重要体现。为推动司法去地方化，维护检察机关行使职权的独立性，排除对检察工作的干扰，保障检察院依法独立行使检察权，检察机关推进了省以下人财物的统一管理机制：市县检察院检察长由省级党委管理，其他领导班子成员由省级党委或委托地市级党委管理；政法专项编制由省级统一管理；成立省级检察官遴选委员会，统一遴选入额检察官。跨行政区划检察院改革是为推进司法去地方化的又一大改革措施，司法权作为一种中央事权，它的地方化实际上是一种司法的畸变现象。通常这种司法地方化表现为，司法机关在行使司法职能时，受限于地方政府或者社会团体的干预，无法妥当行使职权。[①] 2014 年上海市人民检察院第三分院、北京市人民检察院第四分院挂牌成立后，积极探索跨行政区划管辖范围和办案机制，当年就办理跨地区案件和食品药品、环境资源、知识产权、海事等特殊类型案件 843 件，涉及 1332 人。

其次，检察官的履职保障制度是检察保障体制的重要内容。现行检察院组织法专设第五章"人民检察院行使职权的保障"（第 47—52 条），专门对保障检察机关、检察人员依法行使职权进行履职、经费、职业培训、防止行政干预等多方面进行了明确与保障。一方面，在第 47 条设置了禁止领导干预检察业务的规定，要求各级机关领导干部不得过多涉入案件处理，对于干预的领导可以采取相应措施追究其法律责任。另一方面，在第 48 条设置了保障检察官行使职权的规则，即要求各级人民检察院应当着力保障检察权的独立行使，对于涉嫌妨碍检察权运行的可以追究其法律责任。[②]

最后，数字检察建设是检察保障体制的重要组成部分。全国检察系统于 2014 年建成了融办案、管理、监督、统计等功能于一体，四级检察院全联通全覆盖的全国统一大数据办案平台，所有办案一个平台、一个标准、一个程序，实现网上录入、网上管理、网上监督，数据自动生成。建成四级检察院全联通全覆盖的全国网上信访信息系统、远程视频接访系统，减

---

① 张卫平：《司法改革：分析与展开》，法律出版社 2003 年版。

② 检察院组织法第 47 条规定："任何单位或者个人不得要求检察官从事超出法定职责范围的事务。对于领导干部等干预司法活动、插手具体案件处理，或者人民检察院内部人员过问案件情况的，办案人员应当全面如实记录并报告；有违法违纪情形的，由有关机关根据情节轻重追究行为人的责任。"第 48 条规定："人民检察院采取必要措施，维护办案安全。对妨碍人民检察院依法行使职权的违法犯罪行为，依法追究法律责任。"

少人民群众信访奔波劳累之苦。探索人工智能在司法办案中的应用，全面推进智能辅助办案系统以及侦查活动监督平台、案管机器人、智能语音办案平台、出庭一体化平台建设，推动司法办案更加高效、规范、公正。①现行检察院组织法对于加强检察院的检务信息化建设提出了新的要求，其在第 52 条新增了关于检务公开的规定，依据其精神，检察机关应当与时俱进，在"互联网＋"的时代以提升检察效率为目标充分运用各种现代信息技术。

┃ 第二节　检察体制改革与相关改革的关系

一、检察体制改革与全面深化改革的关系

当前，全面深化改革是一场广度和深度都前所未有的改革，涵盖经济、政治、文化、社会、生态文明、国防和军队的方方面面，牵涉党和国家、人民群众的错综复杂的利益格局，可谓牵一发而动全身。

一方面，司法体制改革在全面深化改革与全面依法治国中具有重要的地位，对于推进国家治理体系与治理能力现代化具有重大意义。党的十八届三中全会、四中全会通过了两份涉及全面深化改革和全面推进依法治国的文件，根据两者之间的内在联系，从中不难发现两者之间相辅相成不可或缺的关系。实践需求为改革的开展提供了正当化依据，而针对实践问题的消弭又能促进改革的深化。中国在新时代面临的社会主要矛盾的变化的问题对检察工作提出了更高的要求，当前法律监督的供给能力不能与人民日益增长的美好生活需要相适应，为改变这种不适应的状况，解决检察体制中存在的问题，最根本的办法就是深化改革。深化改革既是检察体制改革的方向与目标，也是动力，检察体制改革作为整个司法体制改革中的重要一环，也成为全面深化改革的前提与基础。

另一方面，司法制度本身即为上层建筑的重要组成部分，司法体制本身的改革可以作为政治改革的先驱者，即通过司法制度改革作为全面政治

---

① 2018 年最高人民检察院工作报告。

改革前奏曲及试金石。因此，司法体制改革是否成功在某种意义上也是中国能否顺利推行法治、能否全面推行国家治理体系法治化的试金石，① 尤其考虑到中国正处于社会转型期，改革成效与改革所处的情境密不可分，只有社会及政治环境有序稳定方可促成改革进行，而这一改革需要司法的全力配合，正如习近平总书记《关于〈中共中央关于全面推进依法治国若干重大问题的决定〉的说明》中明确提到的，当前全党全国应当以全面建成小康社会为奋斗目标，为此需要进行全面深化改革，因而更需从建立法治治理体系予以保障。由此可见，司法体制改革是全面深化改革的前提和基础。

二、检察体制改革与经济体制改革的关系

作为马克思主义政治经济学的重要论断，经济基础与上层建筑之间存在密切关系，即经济基础决定上层建筑，上层建筑反作用于经济基础。前者的变动将导致后者也发生改变。

（一）经济体制改革决定检察体制改革的效果

检察体制属于上层建筑，同样也会受到经济基础的影响而与之同步变动，回顾新中国成立以后的发展历史可以发现，中国的司法体制改革与经济体制改革始终是相辅相成、逐步完善的。从 20 世纪 50 年代开始的司法演变过程，实际上就是伴随着民营经济成分逐渐减少与公有制性质经济成分扩大的过程。70 年代末开始的法制建设则与公有制经济逐步开放，民营经济逐渐发展相伴随，而这与中国 50 年代的经济发展方向有所区别。具有中国特色的社会主义市场经济模式的特点之一在于政府在市场经济中的地位和作用，这主要体现在政府对市场起着宏观调控的作用，最大限度减少政府对市场资源的直接配置，政府尽可能少地直接或间接地参与市场经济活动，政府参与经济活动往往伴随着其追逐经济利益的当然冲动，使得政府在市场监管过程中保持中立立场，避免成为司法过程中的明面或者背后的当事人。改革后的检察体制能否真正独立行使检察权，正与政府在市场经济中的角色有着巨大的关联。市场经济体制改革主要围绕政府功能的合理改造进行，这也与检察体制改革的要求相适应。可以预见的是，市场经济体制改革的程度会在一定层面上决定检察体制改革的效果，只有当政府

① 季卫东：《司法体制改革的关键》，载《东方法学》2014 年第 5 期。

回归到它应有的位置，检察机关在行使检察权时才能渐渐看不到政府的身影，取而代之的是只看到当事人的角色。

（二）检察体制改革保障经济体制改革

检察体制改革与经济体制改革的关系在党的文献中有明确表述，1984年10月《中共中央关于经济体制改革的决定》提出"检察院要加强对经济犯罪行为的检察工作"，这是党中央根据马克思主义关于上层建筑必须为经济基础服务、与经济基础相适应的基本原理对检察工作提出的要求，检察机关通过行使检察权保护社会主义的全民所有制的财产和劳动群众集体所有制的财产，保护公民私人所有的合法财产，保卫社会主义现代化建设的顺利进行。因此，检察体制改革要通过对经济犯罪行为的检察工作，为经济体制改革和经济建设发挥应有的作用。党的十九大报告提出"支持民营企业发展，激发各类市场主体活力"，党的二十大报告又提出"加快构建新发展格局，着力推动高质量发展，构建高水平社会主义市场经济体制"。因此，检察体制改革应服务保障经济发展，要有服务大局、服务经济社会高质量发展的意识，为经济平稳健康发展提供有价值的检察产品。

三、检察体制改革与司法体制改革的关系

中国检察体制改革是在司法体制改革的大背景下进行的，一系列的文件、决定与意见从宏观上为改革的开展确定了方向与路径，即坚持全面统筹，将检察体制改革融入司法体制改革的大背景下展开，确保各制度之间相互协调，进而促进整体发展。

一方面，党的十四届三中全会在《中共中央关于建立社会主义市场经济体制若干问题的决定》中提出要将司法体制改革作为未来改革的一个重要方向。党的十五大坚持这一主轴，继续倡导法治建设，确立依法治国方略，重点通过推进司法体制改革，进而建立与健全社会主义法制。党的十六大进一步提出司法体制改革的重要价值，即确保社会公平和公正的实现。为此应当从司法机构设置、职能区分、司法责任制、人财物统管及人员队伍建设等多方面展开。2004 年中央司法体制改革领导小组更是明确了进一步改革的目标与内容，其中就检察体制的改革和完善提出了具体的要求，包括要完善检察机关对诉讼活动的法律监督，对渎职司法人员的监督、对职务犯罪侦查权运行的监督，等等。2006 年通过的《中共中央关于

构建社会主义和谐社会若干重大问题的决定》也提出未来完善司法体制改革的几大方向与基本要求。党的十七大报告中指出司法体制改革的重心应置于确保司法机关独立行使职权。进入新时代以来，司法体制改革无论是深度还是广度均有了进一步的深入，党的十八大在总结之前司法体制改革得失成败的前提下，对司法体制改革的进一步展开提出了更高需求，即保障检察机关依法独立行使职权。党的十九大之后，司法体制改革进入了快车道，司法责任制、员额制、以审判为中心的刑事诉讼制度改革等逐一落地见效，解决了许多常年想解决而没有解决的问题。党的二十大报告更进一步要求深化司法体制综合配套改革，加快建设公正高效权威的社会主义司法制度，强化对司法活动的制约监督，促进司法公正，特别是第一次明确提出加强检察机关法律监督工作，完善公益诉讼制度。

另一方面，司法体制改革的必要性与重要性来自司法权的性质与功能。首先，由司法权的性质属性观之，它本质上是一种被动的判断权。实际上，在现实生活中，司法是被动的，它只能由公众自发提起，亦即它必须以当事人提起为必要条件。从这个维度来看，它对社会生活的干预是极为有限的，相对于行政权的积极性及立法权的至上性，司法权的作用范围与效力都较为有限，或者说，它的危险性更低。因而对它进行改革所承担的各种社会制度风险最小，收益也相对更大。因此，将司法权作为全面深化体制改革的一个突破口更有实效性。一则改革风险范围可控，不会影响社会稳定，二则它更富实践性，因而也更加易于操作。其次，从实用主义的角度来看，它重在解决社会生活中每天实实在在发生的各种纠纷，因此司法作为一种高效纠纷解决机制而存在。进入新时代，伴随着社会经济的不断发展，中国物质与精神文明也在不断发展，此时人民的物质与精神追求不断提高，随之而来的是各种民商事法律关系愈加复杂，民商事纠纷也在爆炸式地增长，新型犯罪的发案量也居高不下，司法与检察机关因此承担着大量的案件负担，如何提高业务能力以高效公正地应对大量复杂的案件，为公民提供有效的救济以维护公民的人身与财产权利成为司法体制改革必须承担的责任。同时，由于中国的司法实践始终存在着个别司法人员作风不正、司法不公的突出问题，司法公信力遭受挑战，社会公平正义的实现也因此受到影响。公正是法治的生命线，一次不公正的审判危害尤甚，偶然为之的轻微违法不过是弄脏了水流，但是一次不公正的审判直接污染了水源，① 司法不公对社会公正具有致命性的破坏作用，因此司法体制改革迫在眉睫。

四、检察体制改革与监察体制改革的关系

党的十八大以来，面对党风廉政建设和反腐败斗争的新形势，以习近平同志为核心的党中央以"不得罪成百上千的腐败分子，就要得罪 14 亿人民"的巨大政治勇气，展开了力度空前的反腐败斗争，以党的自我革命引领伟大社会革命。为了切实强化党对反腐败工作的集中统一领导，构建"党统一指挥、全面覆盖、权威高效的监督体系"，中国进行了监察体制改革，整合检察机关的职务犯罪侦查、预防职务犯罪职能，行政监察机关的监察职能组建了国家监察委员会，与党的纪律检查机关合署办公，对所有行使公权力的党员干部、公职人员进行监督，对违纪的行为进行查处，对涉嫌违法犯罪的进行调查处置，实现了党纪与国法的全程贯通，为巩固发展反腐败斗争压倒性胜利提供了有力的法治保证。

一方面，监察体制改革改变了检察体制改革的格局。职务犯罪侦查这项由法律监督职能所派生出的检察机关的职权是中国反腐格局中尤其重要的执法力量，尤其是党的十八大以来，各级检察机关职务犯罪侦查和预防部门作为反腐败生力军，对反腐工作的展开发挥了极大效用。作为司法体制改革的一项重要支点，国家监察体制改革将检察机关的职务犯罪侦查职能从检察机关剥离，转隶为监察委员会的调查权，对检察机关职能结构和权力配置产生了重大影响。表面上看，该职权的剥离似乎使得检察机关法律监督的威慑力有所降低，但是实质上，职务犯罪侦查权的剥离能够有效解决长久以来对检察机关"既当运动员又当裁判员"的诟病，能够更好地贯彻侦查、起诉、审判分工负责又相互制约的法治原则，从而极大地提升检察机关行使法律监督职能的公信力。

另一方面，检察体制的改革制约着监察体制改革纵深程度。检察机关的职能在三大机构及职权转隶后有所变化，但是法律监督机关的地位并不因此而有所改变，检察机关在反腐败斗争中依然发挥着重要职能作用，与监察机关、审判机关分工负责，相互配合与制约。检察机关对于监察机关

---

① ［英］弗·培根：《培根论说文集》，水天同译，商务印书馆 1983 年版。

移送的职务犯罪案件仍然享有独立的审查起诉权，其他人不得干预，[1] 但是监察委员会的设立的确意味着建立健全检察工作与监察工作之间有机衔接、相互制衡的工作机制成为应有之义。宪法和监察法把党对反腐败工作的集中统一领导和反腐败的政治成果转化为国家法律，刑事诉讼法与监察法紧密衔接，有利于党中央和地方各级党委更好地依法领导开展反腐败工作，扛起全面从严治党和依法治国理念的政治责任，有利于司法机关特别是检察机关在惩治职务犯罪职能活动中矢志不渝地把讲政治与讲法治结合起来，实现法律效果与政治效果、社会效果的有机统一。

五、检察体制改革与检察机制改革的关系

中国自 2008 年启动新一轮的司法体制改革后，司法体制改革开始进入了重点深化与系统推进的阶段。身处剧烈变革的时代，作为司法体制改革的重要组成部分，在政治、现实及自身等多重动因下，改革的重压也毫无疑问地落在了中国检察体制的发展方面。仔细观之，影响检察体制改革的因素有体制改革与机制改革两个方面。对两者进行区分：一方面，有利于根据其各自不同的特点进行研究、实践，抓住主要矛盾；另一方面，有助于处理好两者之间的关系，从总体上促进检察体制改革研究与实践顺利进行。

首先，检察机制改革作为一种对工作运作方式的具体改革，是技术层面的改革。检察机制改革与检察体制改革同等重要，但检察机制改革需要以检察体制改革为基础。倘若检察体制改革还未实现，检察机制改革难免沦为空中花园，无法发挥其作用。检察体制改革作为整体、全局性的改革安排，可能涉及不同主体、权力之间的架构重建，有鉴于此，检察体制改革是一种更深层次的改革。检察机制改革是否能够发挥实效有赖于检察体制改革的在先推进，检察体制改革的不足之处可能导致检察机制运作受到负面影响，甚至导致检察机制的功能发生异化，因此，检察体制层面的改革更具有根本性意义，检察体制改革的重头戏应当归于检察机制的改革，而机制改革则应配合体制改革的背景，与体制改革相适应。

其次，检察体制改革与检察机制改革如同战略与战术的区别，战略指导改革的总体方向，战术须具体落实战略安排。检察体制改革若无检察机

---

[1]　陈光中：《关于我国监察体制改革的几点看法》，载《环球法律评论》2017 年第 2 期。

制改革予以落实，那么检察体制改革只能停留在理论层面，无法在法律实践中发挥作用。因此，检察体制改革与检察机制改革应为一体两翼，虽各有侧重，但缺一不可。实践中，检察体制改革追求顶层设计，从理论高度把握改革方向，检察机制改革需要在检察体制改革指明的理论基础之上采取试点、创新等方法多层次、多角度对现行检察机制进行改革，以适应检察体制的创新发展。

最后，检察体制改革具有不同于检察机制改革的理论指向。检察体制改革的影响较为深远，以一定的意识形态为基础，属于上层建筑范畴。虽然经济基础对上层建筑的形成过程及内容有根本性的影响，但是上层建筑形成后，会脱离原有的经济基础，具有一定的独立性。在一定的历史时期，当经济基础发生变化，上层建筑并不必然随同经济基础同时发生变化。例如，当旧的资产阶级生产关系已经消亡，但是产生于资产阶级关系上的法律制度等上层建筑形态并不会立刻发生改变。这种独立于经济基础变化的特征使得检察体制层面的改革既要面对既有体制带来的改革阻力，又要在改革目标上具有一定的前瞻性，避免过早陷于落后被动的局面。此外，虽然中国检察体制产生的经济基础与其他国家有或多或少的区别，但是基于上层建筑在一定历史时期具有独立性的特点，域外检察体制中的有益经验仍然具有借鉴意义。检察体制尚且具有一定的关联性，检察机制作为技术层面的制度也当然具有一定的借鉴价值。

第三节　中国检察体制改革的动因

一、国家治理能力现代化要求检察体制改革

习近平总书记在党的二十大报告中指出，当前的中心任务是团结带领全国各族人民全面建成社会主义现代化强国、实现第二个百年奋斗目标，以中国式现代化全面推进中华民族伟大复兴。进入新时代，中国社会主要矛盾已经转化为人民日益增长的美好生活需要和不平衡不充分的发展之间的矛盾。新时代中国特色社会主义全面深化改革的总目标是，完善和发展中国特色社会主义制度、推进国家治理体系和治理能力现代化。全面推进

依法治国的总目标是建设中国特色社会主义法治体系、建设社会主义法治国家。应该说，新时代中国特色社会主义思想为检察体制改革指明了方向，提供了思想基础和理论指导，也为检察体制改革制定了时间表。检察体制改革必须坚持和完善中国特色社会主义制度，逐步实现国家治理体系和治理能力现代化的总体目标，即检察体制更加成熟与定型；到 2035 年，检察体制更加完善，基本实现国家治理体系和治理能力现代化；到新中国成立一百年时，全面实现国家治理体系和治理能力现代化。

首先，中国特色社会主义法治体系的完善及党依法治国、依法执政能力的提升要求进一步完善检察体制改革。检察机关监督法律实施是社会主义法治体系的重要一环。只有做好法律监督，行政权、监察权和审判权才能依法行使，公民、法人和其他组织合法权益才能得到切实保障。其中，排除对执法司法活动的干预是法律监督的重要内容。加强法律监督，需要积极稳妥拓展公益诉讼案件范围、丰富完善公益诉讼调查取证方式，加强行政违法与刑事违法的衔接，严格刑事责任追究，强化对行政违法行为的监督力度。此外，国家治理体系与治理水平现代化需要完成复杂细致的体制对接与部门协同工作。在检察体制改革领域，检察权与审判权、侦查权、监察委调查权等相关权力的衔接与制约是完善国家治理体系的重要一环，这一衔接需要在实体规则、程序规则与证据规则三个层面展开，包括违法判断的相对性、规范适用优先性、责任竞合、移送案件程序规则调整、证据转化等重要问题，此外，这一过程还涉及检察体制改革核心要素及规则定型等问题。

其次，党和国家监督体系的完善、对权力运行的制约和监督要求进行检察体制改革。健全完善党和国家的监督体系是保障党在执政过程中自我净化、自我完善、自我革新、自我提高的制度保障，必须健全党统一领导、全面覆盖、权威高效的监督体系，增强监督严肃性、协同性、有效性，形成决策科学、执行坚决、监督有力的权力运行机制，确保党和人民赋予的权力始终用来为人民谋幸福。为此，需要健全包括检察机关法律监督在内的党和国家监督制度；完善包括检察权在内的权力配置和运行制约机制，坚持权责法定，健全分事行权、分岗设权、分级授权、定期轮岗制度，明晰权力边界，规范工作流程，强化权力制约；构建一体推进不敢腐、不能腐、不想腐体制机制。应该说，检察权在党和国家监督体系的构建和完善中发挥着重要作用，检察体制改革应围绕健全司法监督展开，坚持权责透明，推动用权公开，完善检务公开，建立检察权运行可查询、可追溯的反馈机制；坚持权责统一，盯紧权力运行各个环节，完善发现问题、纠正偏差、精准问责有效机制，压减权力设租寻租空间。尤为重要的是，检察权在参与党和国家监督体系建设过程中，应充分重视与各类监督的相互衔接、有机贯通、相互协调。在监督重点上应着眼于审批监管、执法司法、工程建设、资源开发、金融信贷、公共资源交易、公共财政支出等重点领域的反腐败工作，促进反腐败国际合作，加强思想道德和党纪国法教育。

最后，国家治理体系和治理能力现代化需要进行检察体制改革。当前新时代的改革更多面对的是深层次体制机制问题，对改革顶层设计的要求更高，对改革的系统性、整体性、协同性要求更强，相应地建章立制、构建体系的任务更重。检察体制改革应在国家治理体系和治理能力现代化这个宏观框架下推进，不仅要在制度层面将检察体制不断优化，还应通过体制改革做好新时代干部队伍建设，广泛吸纳各类人才为国家治理体系和治理能力现代化作贡献。

二、破解法律实践的困境需要检察体制改革

现实层面上，由于存在社会与公众对检察体制改革的呼声，检察体制改革应当为人民所思所想而服务。即以保障最广大人民群众的根本利益为依归，解决实践中发生的各类重大司法不公情形。

首先，为破解实践中司法不公困境的需要。在当前社会生活中最为明显的司法不公在于各地违反诉讼程序的情形屡有发生，一则重结果，轻程序，各种侵犯人权的行为时有发生；二则各级司法机关有案不立，有案不结；三则司法效率低下，公民讼累较重；四则徇私舞弊，违法乱纪行为时有发生。从检察机关履行法律监督职能的情况来看，当前反映比较突出的问题是，检察机关对上述执法活动和司法活动中的违法现象进行法律监督的机制不够健全，监督工作不够有力。究其原因，既有检察机关自身队伍的政治、业务素质还不够高，工作还有待努力和改进的问题，也有相关立法尚未健全等体制上的问题。因此，社会和公众要求改革检察体制的呼声日益高涨。

其次，为保障检察机关独立行使职权的需要。宪法第 136 条明确规定了检察机关应当独立行使职权，但是在中国的双重领导体制下，各级人大

产生各级人民检察院，各级人民检察院事实上均要受到其同级人大及其常委会的监督和领导。地方检察机关在地方人大的监督下开展工作，领导方式分为组织上的领导和检察业务上的监督。以人大会议的形式，遵循相关法律程序，选举和任免检察机关的正职领导以及检察官；以检查执法、评议案件办理情况的方式，完成对检察业务的监督等。在当前领导体制下，部分地方存在地方人大通过选举和任免人事，[①] 影响检察权依法独立行使的情形，而检察长只有对于检察辅助人员的任免权。同时，检察机关本身无法创造收入，便存在受制于地方的管理，这种情况实际上也是地方管理司法的表现，最终地方检察院就变成了地方上的检察院。

最后，为符合社会主要矛盾变化的新要求。党的决策在政治层面明确了中国检察体制改革的长远目标、工作任务与基本原则。党的十九大报告中提到，人民群众对民主、法治、公平、正义、安全、环境等方面日益增长的需求与现阶段的不完善状态不相匹配。[②] 具体反映在检察实践中，其面临的主要矛盾则是检察职能供给能力与人民日益增长的美好生活需要不相适应。要改变这种不适应的状况，解决检察工作中存在的突出矛盾和问题，最根本的途径就是深化改革。从其性质来看，检察体制改革既是宏观政治体制改革的体现，又是微观司法体制改革表征，由于存在着各种各样的固有体制问题而已然不能充分满足人民的新的需求，因而具有了新的任务，新的目标，需要在体制上进行改革与完善。党的十七大报告指出，应当进一步展开司法体制改革，使各项司法职能更加优化，最终建成高效公正权威的社会主义司法制度。党的十八大则对未来的深化改革提出了更高的要求："进一步深化司法体制改革，确保审判机关、检察机关依法独立公正行使审判权、检察权。"改革进入深水区后，人民群众对未来美好生活的向往呼唤检察机关提供更丰富、多元和高品质的检察产品。为此，最高人民检察院在 2019 年 2 月制定下发《2018—2022 年检察改革工作规划》（以下简称《规划》），部署规划了 6 个方面 46 项改革任务。该《规划》主要聚焦国家监察体制改革后检察机关职能、机构调整和人员转隶，旨在把

---

① 徐全兵：《检察机关提起公益诉讼有关问题》，载《国家检察官学院学报》2016 年第 3 期。

② 习近平：《决胜全面建成小康社会　夺取新时代中国特色社会主义伟大胜利——在中国共产党第十九次全国代表大会上的报告》，载中国政府网，http//www. gov. cn/zhuanti/2017 – 10/27/content_ 5234876. htm。

"转隶"变为"转机",强调突出检察机关法律监督工作的"双赢"、"多赢"和"共赢",实现检察工作的创新发展。

三、与联合国《关于检察官作用的准则》接轨要求检察体制改革

1990 年第七届联合国预防犯罪和罪犯待遇大会根据现有资料和专家意见,编写、审议并通过了《关于检察官作用的准则》(以下简称《准则》)。《准则》是关于检察官的第一个国际性文件,明确规定了检察官的甄选、专业培训和地位及在刑事诉讼程序中的作用等方面的准则。

一方面,中国作为联合国成员国,有义务将其精神贯彻落实。为此,中国先后出台《中华人民共和国检察官职业道德基本准则》和一系列办案规则,要求全体检察官遵照执行,检察辅助人员参照执行。尽管如此,目前的检察体制在部分领域仍然与《准则》的基本精神存在一定差距,尤其在检察官客观义务履行、检察官保护公共利益、检察官社会地位和物质保障等方面。《准则》指出,检察官在刑事诉讼中具有决定性作用,检察官的职责应与司法职能严格分开。《准则》将客观公正义务作为检察官的核心责任,检察官应在刑事诉讼(包括提起诉讼和根据法律授权或当地惯例调查犯罪)、监督调查的合法性、监督法院判决的执行和作为公众利益的代表行使其他职能中发挥积极作用。检察官应始终一贯迅速而公平地依法行事,尊重和保护人的尊严,维护人权从而有助于确保法定诉讼程序和刑事司法系统的职能顺利地运行。其中,《准则》第 13 条具体规定了检察官履职的四点要求:一是不偏不倚地履行其职能,并避免任何政治、社会、文化、性别或任何其他形式的歧视;二是保证公众利益,按照客观标准行事,适当考虑到犯罪嫌疑人和受害者的立场,并注意到一切有关的情况,无论是否对犯罪嫌疑人有利或不利;三是对掌握的情况保守秘密,除非履行职责或司法上的需要有不同的要求;四是在受害者的个人利益受到影响时应考虑到其观点和所关心的问题,并确保按照《为罪行和滥用权力行为受害者取得公理的基本原则宣言》,使受害者知悉其权利。这些都为中国检察体制改革提供了重要的参考。

另一方面,中国国家治理能力的现代化也需要与现代国际规则接轨。《准则》列举了一系列现代检察制度,对中国法治体系的改良有重要的现实意义。例如,《准则》规定了检察官在不起诉、反腐败、反滥用职权、非法证据排除、恢复性司法、未成年人犯罪等方面的要求。同时,《准则》

提倡赋予检察官自由裁量权（酌处职能），增进在检控过程中作出裁决，包括起诉和免予起诉的裁决的公正和连贯性。这些都已成为或正在成为中国检察制度的重要组成部分。《准则》的初衷是帮助建立健全公正高效、有利于保护人权的检察体制、机制和制度。我们在检察体制改革中应结合中国的国情、总体目标、具体任务进行深入解读和转化，以积极学习、认真践行的态度予以对待。中国作为联合国安理会常任理事国应履行成员国义务，应呼应《准则》的精神，将其作为检察体制改革的驱动因子。

第二章
检察体制改革的指导理论

　　纵观法律制度史，现代检察体制的建立和完善与法律思想的演进相关，概括说来，以马克思主义为内核的社会主义权力监督理论和以分权制衡理论为代表的西方传统理论，为检察权及检察体制的产生与发展奠定了基础。虽然检察理论在法律思想史中所占的地位并不突出，但是仍然成为法律思想的有机组成部分，探究检察体制改革需要将社会主义权力监督理论特别是习近平新时代中国特色社会主义思想中关于权力监督的论述为重要思想基础，同时借鉴人类其他文明中关于权力制约等法律传统的有益成果。马克思与恩格斯从巴黎公社中吸取总结的经验教训及列宁的法律监督思想是中国检察体制的重要理论依据。回顾中国革命历程及自新中国成立以来历次修法的立法过程，不难发现贯彻人民民主专政理论、人民代表大会制度理论、民主集中制理论以及列宁的法律监督思想都是中国检察体制改革完善的一条主线，因此，中国的检察体制正是在结合了马克思、恩格斯的民主监督思想，列宁的法律监督思想及中国实践的基础上所创设的，[①]虽然中国也曾在一定程度上借鉴过欧洲大陆与日本的检察体制，但是其缘起依然深受俄国苏维埃的检察体制之影响，甚至可以说，中国检察体制的性质与职能均是在列宁的法律监督思想的指导与影响下形成和发展起来的。新中国成立以后，历代国家领导人毛泽东、邓小平、江泽民、胡锦涛、习近平同志都先后从中国社会主义政权建设的高度，强调法律监督的重要性，因此从马克思、恩格斯的民主监督思想，列宁的法律监督思想，到毛泽东思想、邓小平理论、"三个代表"重要思想、科学发展观再到习近平新时代中国特色社会主义思想，权力监督的思想始终贯穿其中，一

　　[①]　韩大元、刘松山：《论我国检察机关的宪法地位》，载《中国人民大学学报》2002年第5期。

脉相承并不断结合新的时代背景与时俱进，它们共同构成了中国检察体制的理论基础。

第一节　社会主义权力监督理论

权力监督理论是社会主义理论家对权力关系的新思考，对现代权力的监督和制衡产生的深远的影响，也为社会主义国家检察制度的产生和发展提供了坚实的理论支撑。

一、早期的社会主义权力监督理论

（一）马克思、恩格斯法律思想中的权力理论

马克思、恩格斯认为，在阶级社会产生以前，负责管理社会的公共权力尚不具备政治属性，其存在来源于社会需求；阶级产生以后，国家公权力具有了政治性质，但是其对社会的统治也同样来源于社会的共同需要。他们认为，国家的存在基础即为社会需要，因此，国家从属于社会，国家必须受社会的监督和制约。[①] 因此，在总结巴黎公社政权建设经验时，马克思提出以真正的责任制来代替虚伪的责任制，以公众监督承担真正责任制的作用。[②] 恩格斯对于加强人民群众监督方面也有过非常精辟的论述，他在《法兰西内战》的导言中指出，在任何国家中官僚和腐败都不可避免，为巩固工人阶级统治，防止"国家和国家机关由社会公仆变成社会主人"，根本措施就是要坚持工人阶级监督国家工作人员的罢免。[③] 只有工人掌握监督权，才能从根本上保证人民主权。

（二）列宁法律思想中的检察理论

列宁在马克思、恩格斯的权力监督思想的基础上进行了继承与发展，并在社会主义实践中对此进行了创新，形成了列宁的法律监督思想，其思

---

① 郑铮：《列宁权力监督理论与当代中国检察监督实践》，长沙理工大学出版社 2010 年版。

② 中共中央马克思恩格斯列宁斯大林著作编译局：《马克思恩格斯选集》第 2 卷，人民出版社 1972 年版。

③ 中共中央马克思恩格斯列宁斯大林著作编译局：《马克思恩格斯选集》第 2 卷，人民出版社 1972 年版。

想主要反映在他的《论"双重"领导与法制》《论新经济政策条件下司法人民委员部的任务》等文章中。列宁认为，法制应当在全国范围内得到统一，为维护这种统一的法制，必须设立专门的法律监督机关，为保证该机关能够独立有效地行使职权，该机关必须实行垂直领导制以确保地方检察只服从中央领导。由此可以看出列宁对权力监督制约与检察机关建设的重视程度，根据他的指导思想，苏维埃国家逐步地调整国家体制，建立一套特殊机构，即在全国建立统一检察机关，由其承担监督职能，使其区别于司法机关、行政机关。在《论"双重"领导与法制》中，列宁为建立完整统一的社会主义法治体系第一次在其中详尽阐述了"检察权"的概念，他认为检察长的职权在于监督全国对法律有统一的理解，不因地方的差别而招致法律适用上的差别，以建立全国统一的社会主义法制。① 可以看出，列宁主张的检察权是广泛而全面的监督，其不仅仅限于资本主义国家的检察机关主要担负的刑事范围，还包括了对民事、行政、公职人员违法行为的监督。②

　　列宁的思想与论述一脉相承、自成体系，构成了一整套法律监督的思想，从而为社会主义国家的检察体制建设提供了重要的理论支撑，中国在社会主义建设的过程中，正是继承和发展了马克思、恩格斯，以及列宁关于权力的监督的思想，如在1950年第一届全国司法会议报告中指出，人民检察机关要在组织制度、检察工作方法等方面，根据中国的实际情况学习苏联检察体制经验；③ 在起草检察院组织法之初，将之定位为法律监督机关的思潮就已存在，彭真委员长在制定草案时就曾指出应当承继列宁有关通过检察机关维护国家法制统一的思想，将检察院定义为代表人民履行法律监督职权的机关。由此观之，中国对检察机关性质的定性正是基于对列宁的法律监督理论的运用以及与实际国情结合的前提下作出的。④ 江泽民同志指出，要完善中国的法制监督，建立健全依法行使权力的制约机制以加强对宪法和法律实施的监督，实现对国家统一法制的有效维护。胡锦涛同志指出，要加强对权力行使的有效监督机制，紧抓容易滋生腐败的重点

---

① 中共中央马克思恩格斯列宁斯大林著作编译局：《列宁全集》（第33卷），人民出版社1992年版。

② 孙谦主编：《中国检察制度论纲》，人民出版社2004年版。

③ 张培田：《法与司法的演进及改革考论》，中国政法大学出版社2002年版。

④ 郑铮：《列宁权力监督理论与当代中国检察监督实践》，长沙理工大学出版社2010年版。

部位与环节，综合运用各种因素，诸如党、国家机关、人民群众以及媒体等，充分发挥他们的监督职能，尤其要结合党内监督与群众监督，使两者相互促进与补充，以形成结构合理、配置科学、程序严密、制约有效的权力运行机制。习近平同志强调，维护法治统一是一个严肃的政治问题，要加强宪法实施与监督。

因此，依照马克思、恩格斯的权力监督理论，列宁的法律监督思想，中国确立了以检察机关为法律监督机关的检察体制，中国的检察机关除了诉讼职能以外还具有法律监督职能；检察机关依法独立行使检察权；在检察机关系统内部建立起了一套"上命下从、上下一体"的管理体系。

二、中国特色社会主义权力监督理论

中国的检察体制虽然深受马列思想的影响，但并非对苏联模式的照搬，而是以其思想与制度为基础，与中国的具体国情相结合，在几代国家领导人的领导思想的不断继承与发展下，在本土化的过程中创造性地发展成为中国特色社会主义权力监督理论。

（一）早期的探索：毛泽东的权力监督思想

在领导新民主主义革命时毛泽东就曾指出人民监督政府的重要性，"只有人民来监督政府，政府才不敢松懈"；[1] 中华人民共和国成立前，毛泽东提出，要建立"工人阶级领导的以工农联盟为基础的人民民主专政的国家"。[2] 他高度赞扬了民主集中制，认为新中国的国家政权应采取民主集中制，由各级人大来决定大政方针，并且选举政府，[3] 即人民代表大会制度。这些思想为新中国的国家机关包括检察机关的组建奠定了坚实的思想基础；新中国成立之初，由于民众智识有限，公民意识淡薄，因而无法达到普选的实践标准。为了在有限达标地区有效进行人民代表会议，毛泽东提出要尽可能保障代表的发言权，[4] 反对一切的形式主义，听取群众的意见，开展批评与自我批评；[5] 对于监督方式，毛泽东指出，要通过党代表

① 中共中央文献研究室：《毛泽东著作专题摘编》，中央文献出版社 2003 年版。
② 毛泽东：《毛泽东选集》（第 4 卷），人民出版社 1991 年版。
③ 毛泽东：《毛泽东选集》（第 3 卷），人民出版社 1991 年版。
④ 毛泽东：《毛泽东文集》（第 6 卷），人民出版社 1999 年版。
⑤ 毛泽东：《毛泽东文集》（第 5 卷），人民出版社 1996 年版。

会议加强党内自我与互相监督，[①] 要发挥民主党派的监督作用，[②] 并要为人民群众监督中国共产党提供条件。[③] 因此，毛泽东的监督思想体现出其以加强人民对党与国家权力进行监督为核心，该思想实际上也是马克思、恩格斯的法律监督思想的重要部分；并且这一思想还与其他权力、权力制约制度以及人民代表大会制度、党的监督思想进行了创造性、体系性的结合。[④]

（二）重大转折：邓小平理论的指引

邓小平的建设有中国特色社会主义法学理论和民主法制思想进一步丰富和发展了法律监督思想，将法律监督纳入了依法治国的方略中，从而使权利保障、权力制约与法律监督密切相联。他明确提出了监督管理体制建设的几个重要基点：中国共产党需要制约与监督；不照搬西方国家的"三权分立"和两院制；坚持党的领导；权力制约监督要与政治体制改革相结合；[⑤] 加强权力制约与监督。[⑥]

具体而言，邓小平继承和发展了毛泽东思想有关民主的重要论点，并且创造性地将之与本土实践进行结合，精辟地指出没有民主就没有社会主义，也就没有社会主义现代化。其一，发展社会主义民主与建设社会主义法制之间是辩证统一的关系：民主是法制的前提和基础，法制是民主的体现和保障。为避免"文化大革命"破坏民主法制的悲剧重演，邓小平多次指出社会主义民主与社会主义法制是不可分的，为了不使法律制度陷入"因人成事、因人废事"的怪圈，必须在社会主义法制建设中有效贯彻人民民主原则，唯有实现民主的制度化、法律化方可实现社会主义法治现代化。进一步到实现社会主义民主法制的层面，邓小平于1978年首次完整地提出中国进行法制建设的十六字方针："有法可依，有法必依，执法必严，违法必究。"其二，法律监督是权力制约的重要机制。邓小平针对过去权力过分集中，容易导致个人独断专横的弊端，从中国特色的社会主义实际

---

① 毛泽东：《毛泽东文集》（第5卷），人民出版社1996年版。

② 毛泽东：《毛泽东文集》（第7卷），人民出版社1999年版。

③ 中共中央文献研究室编撰，逄先知主编：《毛泽东年谱（1893—1949）》下，人民出版社、中央文献出版社1993年版。

④ 郭玉华：《新中国反腐败之权力制约和监督体系建设研究》，武汉大学2013年博士学位论文。

⑤ 邓小平：《邓小平文选》（第3卷），人民出版社1993年版。

⑥ 邓小平：《邓小平文选》（第2卷），人民出版社1994年版。

出发，提出强化法律监督的思想，把党的领导和法律监督相结合，通过法律监督维护人民的合法权益，保证权力的良性运行。

（三）纵深发展：权力监督思想的具体化

江泽民对邓小平的权力监督思想进行了继承与发展，其主要观点如下：其一，健全人民民主，加强群众对党的监督。详言之，一方面，要进一步切实加强党内组织纪律建设，确保党内监督时时在场。另一方面，人民群众、各民主党派及无党派人士作为重要补充力量，使之积极参与到党外监督的实践当中，由此形成内外监督、上下监督相结合的监督体制。此外，尤其需要注意对直接掌握人、财、物的岗位的监督，构建起长效监督机制，杜绝贪污贿赂、以权谋私和行业不正之风，重塑党内清明政治生态。① 其二，健全制度体制机制。在邓小平提出中国权力制约和监督建设的基本原则后，他继续进行了深入发展，提出中国权力制约体制建设的基本思路，要着重建立结构、程序、配置、制约等方面都经得起考验的权力运行体制。

党的十六大正式将"三个代表"重要思想作为党的指导思想，将全面建设小康社会作为重要发展目标，将物质文明、精神文明和政治文明的和谐发展作为改革的三个基本方面。在党的十六届三中全会上更是提出了可持续发展观作为"三个代表"重要思想的重要内核与扩展，将之视为"三个代表"重要思想的内在要求，既是坚持以实践为导向的理念，更是对马克思主义发展理论的进一步深化。具体到检察体制层面，胡锦涛将"以人为本"理念与人民对党与国家的监督结合起来，要求以人为本、执政为民要体现在党和国家机关的决策机制中，党和国家机关在作出决策政策时必须充分考虑人民群众的利益、充分尊重人民群众的利益，对各方利益关系进行统筹与协调，坚持科学决策、民主决策、依法决策，做到问政于民、问需于民、问计于民。胡锦涛还指出，深化体制改革要从两个维度来展开，既要坚持制度创新，也要对既有制度进行健全与完善。伴随着中国社会经济发展的转型，在既有计划经济模式下形成的管理样态已经无法满足现实需求，这种对经济发展的桎梏暴露了政府机构的行政运行与管理制度对市场经济过多干预，社会服务职能交叉、官僚低效等突出问题，其已不

① 江泽民：《江泽民文选》（第 1 卷），人民出版社 2006 年版。

再能够适应市场经济发展，从而成了经济发展的桎梏，并导致对权力的制约与监督实效大打折扣。为此，党的十七届二中全会审议通过了《关于深化行政管理体制改革的意见》，对行政管理体制的未来发展方向奠定了基调，提出应当通过加强权力制约与监督制度体系建设，从而消除阻碍社会经济发展的各项因素。中国特色社会主义监督机制的构建也是胡锦涛依法治国思想的重要内容，他认为必须结合权力制约监督的一般原理与中国权力制约监督建设的实际效果，在党的十七大上提出要形成"决策权、执行权、监督权相互制约又相互协调的权力结构和运行机制"。党的十八大进一步提出，要保障人民的知情权、参与权、表达权和监督权。

（四）监督理论新飞跃：习近平法治思想

进入新时代以来，以习近平同志为核心的党中央从坚持和发展中国特色社会主义的全局和战略高度定位法治、布局法治、厉行法治，把全面依法治国纳入"四个全面"战略布局，放在党和国家事业发展全局中来谋划、来推进，作出了一系列重大决策、提出了一系列重要举措，形成了习近平法治思想。党的十八届三中全会将推进法治中国建设作为全面深化改革的重要方面作出专门部署，强调依法治国、依法执政、依法行政共同推进，坚持法治国家、法治政府、法治社会一体建设。党的十八届四中全会专题研究全面依法治国，作出《中共中央关于全面推进依法治国若干重大问题的决定》，规划了全面依法治国的总蓝图、路线图、施工图。党的十九大把全面依法治国总目标写入习近平新时代中国特色社会主义思想"八个明确"，把坚持全面依法治国写入"十四个坚持"基本方略，明确提出了新时代全面依法治国的新任务。党的十九届三中全会决定组建中央全面依法治国委员会，健全党领导全面依法治国的制度和工作机制。党的十九届四中全会对坚持和完善中国特色社会主义法治体系，提高党依法治国、依法执政能力，推进国家治理体系与治理能力现代化作出重要部署。党的二十大报告首次以专章的形式对全面依法治国作出部署，要求发挥法治固根本、稳预期、利长远的保障作用，在法治轨道上全面建设社会主义现代化国家，全面推进科学立法、严格执法、公正司法、全民守法，全面推进国家各方面工作法治化。

习近平法治思想是中国特色社会主义法治理论的最新成果与当代中国马克思主义法学思想的最新发展，也是中国特色社会主义法治理论的核心部分，① 这些思想为中国深入推进司法体制改革，建立公正高效的司法制度，实现法治中国的美好愿景提供了科学理论与行动指南。

党的十八大以来，在习近平总书记的领导下，中国开始从战略到实践各个层面展开深化体制改革工作，尤其是将司法体制改革视之为此次全面体制改革的突破口。在改革过程中，习近平总书记直接参与了不少司法体制改革文件的修订，高瞻远瞩地提出了司法体制改革未来需要关注的各项改革重点，可以说，本轮司法体制改革是习近平总书记治国理政方略的一项重要体现，彰显了习近平法治思想的内核，取得了历史性的成就。其中重要的内容包括：司法体制改革是全面推进依法治国的重要保障；司法体制改革要坚持党的领导、强调顶层设计；司法体制改革要依法进行、于法有据；司法体制改革要稳步推进、试点先行；司法体制改革要坚持分清矛盾主次、牵住"牛鼻子"的改革方法论；等等。

具体到检察体制改革，一系列关于体制改革的重要举措被提出并逐步落实，如：省以下地方检察机关人财物统一管理；司法责任制综合配套改革；建立符合职业特点的检察人员管理制度；加强对司法活动的监督，建立健全检察人员权力清单，加强审判权、检察权运行监督机制；完善刑事、民事、行政检察监督和公益诉讼检察案件办理机制；刑事案件速裁程序试点；刑事案件认罪认罚从宽制度试点；检察机关开展公益诉讼试点；等等。其中建立健全司法责任制、完善检察人员分类管理、健全检察人员履职保障、推动省以下检察机关人财物统一管理等，都是检察体制改革中基础性、制度性的措施。刑事速裁、认罪认罚从宽、公益诉讼等试点工作的开展体现了习近平法治思想中稳步推进、试点先行、体制改革依法进行、于法有据的要求，这种改革方法已经成为贯穿中国改革发展的一条隐藏主线，它作为本土化的一项重要成果，具有极强的制度发展活力。② 目前为止，前述的改革内容已在全国范围内有序开展，发挥了积极实效并被相关法律规定所吸纳，正式成为中国检察体制中的重要内容。

党的十九大报告中提出了习近平新时代中国特色社会主义思想，在这

---

① 陈卫东：《中国司法体制改革的经验——习近平司法体制改革思想研究》，载《法学研究》2017 年第 5 期。

② 刘风景：《论司法体制改革的"试点"方法》，载《东方法学》2015 年第 3 期。

一理论指导下，党的十九届四中全会对检察体制改革提出了新的要求和目标：要求检察机关在国家治理体系和治理能力现代化进程中发挥重要作用，承担重要职责。党的二十大报告更是明确要求健全公安、检察、审判、司法行政机关相互制约的体制建设，加强检察机关法律监督工作，完善公益诉讼制度。可以说，检察机关是保障中国特色社会主义制度安全的重要力量，在维护法律体系统一与权威的过程中需要积极作为，不断完善国家治理体系和提高自身治理能力现代化。为此，首先，检察体制改革要找准方向，在习近平法治思想的指引下，坚持党对检察工作的绝对领导，不断拥护"两个确立"、增强"四个意识"、坚定"四个自信"、做到"两个维护"。其次，检察体制改革要找准定位，即检察机关在推进国家治理体系和治理能力现代化过程中担当"五种角色"：做社会主义制度和国家安全的坚决捍卫者、社会主义法治的积极建设者、国家治理体系和治理能力现代化的有力推动者、民生民利的贴心保护者、全面从严治党的模范践行者。最后，检察体制改革要与当前重点工作紧密结合起来，加强法律监督、完善公益诉讼、服务保障民营经济健康发展、推进司法体制改革、强化社会治理等，以检察工作的高质量发展服务经济社会的高质量发展，为实现中国式现代化提高坚强有力的检察保障。

第二节　人类其他文明中关于权力制约等法学理论

在世界法律史发展进程中，检察制度起源于国王为应对地方领主垄断司法权，而设立国王代理人在法庭上制约法官，起初这种制约主要反映政治领域中王权与地方领主的权力斗争。在检察制度产生前，法官既诉且判，为制约其恣意专断，检察官应运而生。早在 12 世纪，法国就出现了代表国家参加诉讼的代理人，这种代理人是现代检察制度的雏形。一般认为检察制度形成于 17 世纪，法国国王路易十四颁布法令，要求各级法院设立检察官，检察官对刑事案件行使起诉权，检察制度由此得以确立。检察官的出现尽管代表了一种文明解决纠纷的方式，但实质上只是封建专制统治者之间政治角力的工具，尚不具备现代检察体制下维护公正秩序的使命。资产阶级革命后，反映资产阶级思想的三权分立、权力制衡等理论滥觞，检察机关才逐渐成为追诉犯罪、制约公权力、维护社会秩序的"法律守护者"，① 可以说，权力制约理论为现代检察制度的兴起与发展提供了重要的理论指导。权力制约理论起源于古希腊柏拉图的混合政体与法律之治的思想，亚里士多德的政体划分思想，经过几百年的不断发展与演进，最终形成了以柏拉图、亚里士多德、波利比乌斯、洛克及孟德斯鸠为主要代表的政体职能分工的理论与权力分立制衡等资产阶级法学理论，这些理论对检察制度发展产生了深远的影响。

一、政体职能分工的理论

现代意义的检察制度根植于权力分工和法律至上的思想，这种思想可追溯至古希腊的柏拉图和亚里士多德的政体职能分工的理论，职能的分化是检察权脱离审判权而成为一种重要且独立权力的基础。

柏拉图首先提出了混合政体思想和法律之治的思想，在他看来，各个阶级之间都可能有利益冲突，各个阶级之间必须通过某种政治结构来获得平衡，这种结构应当能够制约各个阶级制定的可能影响其自身或其他阶级利益的决策。② 根据其思想，国家应有治国、护国、生产三个阶级，三个阶级分工合作以形成国家和社会存在和发展的基础与前提，这种社会状况着眼于整个城邦事务，而不是政治职能。根据其思想，"分工是国家的构成原则"。③ 按照其设想，合乎理性是政治设计和运行的最高原则，因此，柏拉图坚持理性的哲学王之治。但是完全的理性是脱离实际而不可能存在的，于是柏拉图转而寻求能够体现理性的法律之治，"如果法律没有自己的最高权威而必须从属于其他的因素，城邦的崩溃也就为期不远了……相反，如果法律成为统治者的主人而统治者只不过是法律的奴隶，那么人们就能够看到无限光明的前景，并且能够享受诸神为城邦所赐予的所有快乐"，这种对法律、对法律确立规则重要性的强调是古希腊人思想的精髓所在。这种权力分工和法律至上的观点为检察制度的产生埋下了伏笔。

亚里士多德在柏拉图的基础之上，进一步论述了混合政治思想，并且

---

① 陈卫东：《转型与变革：中国检察的理论与实践》，中国人民大学出版社 2015 年版。

② 转引自［英］M. J. C. 维尔：《宪政与分权》，苏力译，生活·读书·新知三联书店 1997 年版。

③ ［德］卡尔·马克思、［德］弗里德里希·恩格斯：《马克思恩格斯全集》（第 23 卷），人民出版社 1972 年版。

提出了政体职能分工理论。其着眼于城邦政治职能和运作过程，关注政治权力，因而与柏拉图采取的视角存在不同，该理论认为立法者在进行立法创制时必须考虑到三个要素来决定立法是否适合其所服务的政体，该三要素包括"有关城邦一般公务的议事机能（部分）、行政机能部分，以及审判（司法）机能"。① 在规范政治权力运作方面，亚里士多德主张"相互制约是防止人的恶性膨胀的根本途径"，只有人与人之间相互依赖又相互制约，彼此都无法恣意行事才能形成有效的权力体系。亚里士多德的政体划分思想为现代西方社会的权力分权制衡理论提供了依据。

随着时代的发展，公民的个人利益和国家利益在古罗马时期逐渐形成分野。国家尽管是社会存在的必须框架，但人是罗马法律思想的中心，保护个人权利是国家存在的主要目标，国家因而被视为在确定的界限内行使自己权力的法人；而公民则拥有受到法律认可与保护的不受他人以及政府自身非法侵害的权利。② 也就是说，国家被视为区别于公民个人的存在，其具有特定的功能并且权力受到明显的限制。公民通过国家行使自己的权利，形成共同的意志。因此，国家实际上被看作是公民最高权力的一种体现，持有国家最高权威的人也就相应地在法律上被视为人民权力的象征，他的行为在这个意义上具有与法律相等同的效力，这种理论可以说是法律主权论最早的体现。

二、权力制约理论

政体职能分工是基于专业化和效率化的考虑，而在政体进入职能分工后，如何处理各权力之间的关系则是需要进一步探讨的重大理论问题，对于该问题的思考促使了权力制约理论的产生，现代检察制度的研究深受这一理论的影响。

（一）早期的权力制约和监督理论

波利比乌斯是权力制约和监督理论的一位重要学者，他明确提出了三种权力机构并初步提出了三权之间的制衡机理。他认为，国家权力应当由人民大会、元老院和执政官分工执掌，同时三种权力互相牵制：执政官主要作为政府首脑，可以向元老院提名驻外使节、提出法案、执行法案、指

① ［古希腊］亚里士多德：《政治学》，吴寿彭译，商务印书馆 1965 年版。
② 转引自谢佑平：《中国检察监督的政治性与司法性研究》，中国检察出版社 2010 年版。

挥军队等，但是没有元老院通过律令，执政院就无法得到军队给养，也不能与他国结交缔约；人民大会具有立法权与决定战争和平的权力，只有人民大会批准，元老院方能执行死刑；元老院具有一定立法权，有权领导公职人员选举、签发雇佣征税吏，因而也制约着人民大会。三种机关代表的权力相互依靠，国家才能成为一种坚固的存在；同时三种机关又必须相互制约以达到某种平衡，才能避免某一方权力滥用与无限扩张。① 波利比乌斯的进步之处在于从国家机构的角度进行机制设计，而之前提到的混合学说中，一切人行使一切权力，不同的阶级直接行使国家权力，如果阶级之间利益分歧较大，那么不同阶级无疑会借助本阶级把持的国家政权进行直接的对抗，显然各阶级直接掌权不利于矛盾的缓和与解决。设立国家机构后，国家权力通过机构才能行使，因此，各阶级的混合首先是在不同权力机构内部的混合，这种混合加上机构独立后应然具有的独立性，使得阶级内部直接对抗的可能性被极大地消减，阶级利益冲突更容易实现妥协和平衡。②

（二）三权分立思想的产生

中世纪后期，随着城市的发展和市民阶层兴起，对个人和国家关系的研究走向深入，社会契约理论重置了公民权利和国家权力的关系，公民权利的天赋性、平等性为国家权力制约和监督提供了新的哲学基础，以人性本恶及国家权力天然的扩张性为立论基点，为保障公民权利而构筑对国家权力的控制机制成为政治理论的焦点。其中，洛克与孟德斯鸠就是这一时期分权制衡思想的代表性人物。

洛克主张在主权统一的基础上实行权力分割，以防止国家权力无限扩张。他将国家权力分为立法权、执行权和对外权三种。其中，立法权指通过立法的方式分配国家权力配置，执行权负责执行制定的法律和继承有效法律的权利，对外权则负责关于决定战争与和平、与他国缔约联盟在国外开展事务的权力。实际上后两者均具有行政性质，均牵涉对法律的执行，因而洛克的分权理论实际上只有两个要素：一为行政要素；一为立法要素，并未提及司法权，因此是一种两权分立。③

---

① 转引自王振槐：《西方政治思想史》，南京大学出版社 1993 年版。
② 叶长茂：《西方分权思想的演进逻辑及其当代启示》，载《社会科学家》2006 年第 6 期。
③ 谢佑平：《中国检察监督的政治性与司法性研究》，中国检察出版社 2010 年版。

孟德斯鸠在洛克两权分立的基础上提出了司法权的独立性，从而实现了现代国家权力分立的完备形态。他认为无论哪种政体，其国家权力都包含以下三种：立法权力、有关国家法事项的行政权力、有关民政法事项的行政权力，根据其具体解说，这三种权力分别对应立法权、行政权与司法权。他认为当立法权和行政权集中在同一个人或同一个机关之手，自由便不复存在；因为人们担心该人或该机关会制定暴虐的法律，并暴虐地执行这些法律；如果司法权不能独立于行政权和立法权，自由也不复存在；司法权如和立法权合二为一，则可能专断地决定公民的生命和自由；司法权如和行政权合二为一，法官就会握有压迫的力量而无法保持客观公正。为了实现权力的分立，孟德斯鸠主张三种权力的职能、人员、组织等方面都要独立，但他并不主张纯粹的分权，而要保持一个美妙平衡的政府体系，他认为分权不代表分明的僵持，而是一种均衡的制约。①

三、中国对资产阶级法学理论的扬弃

任何一种理论必须根植于本国的国情与传统文化，在国家政治体制建设及变革过程中，可以吸收借鉴人类其他文明成果中的有益部分，但绝不能照抄照搬，否则不仅会造成"水土不服"，甚至可能会适得其反。对于资产阶级法学理论，我们要根据具体的国情作出合理的取舍，对于中国检察体制改革有益的部分予以吸收借鉴，对于不符合中国国情的部分必须态度鲜明地予以否定与反对。

在中国，全国人大授予了由它产生的国务院、最高人民法院、最高人民检察院、中央军事委员会及监察委员会具体行使一些执行性的权力，如行政权、审判权、检察权、军事权、监察权等，并要求其向全国人大负责，接受全国人大的监督。全国人大及其常委会掌握和行使立法权、监督权等，以保障国家权力的一体性和法律的统一实施。在人民代表大会制度下，虽然行使行政权、审判权、检察权、监察权、军事权的机关相互独立而平行，但均须向人大负责并受其监督。在这种权力架构中，人民代表大会虽然有权行使监督权，但主要通过对行政机关和审判机关工作的审议和检查，以及行使任免权的方式来行使，但是由于各级人大组成的特殊性以及某些立法领域的专业性，使得各级人大很难深入个案，承担监督职责，

---

① 转引自［英］M. J. C. 维尔：《宪政与分权》，苏力译，生活·读书·新知三联书店1997年版。

因而人大难以直接监督而是通过立法将监督法律实施的权力赋予检察机关，由专门机关针对个案依法独立地监督行政权、审判权等运行中的违法犯罪行为，以保障这些权力的依法行使，以提高人大监督的效率，因此，负责追诉犯罪的传统职能的检察机关就开始拥有了更多权限，其行使的检察权的意涵也得到了扩大。最终它凭借这种法律监督权获得了有别于行政机关、审判机关的宪法独立地位，作为国家法律监督机关的检察机关就此应运而生。

第三章

中国检察体制改革的历史与现实

中国近代意义上的检察体制，其渊源可以追溯到清末新政时期。至于在王朝专制时期延续千年的御史制度则只能视为监察制度的雏形，与现代检察体制的要义并不相符，因而本书对中国检察体制改革的历史回顾从清末新政时期开始。

第一节　中国检察体制的历史沿革

自清末新政以来，中国检察体制改革的历史，根据不同的历史时期，大概可以划分为以下阶段：近代检察体制的肇端，北洋政府时期的检察体制，南京国民政府时期的检察体制，新民主主义时期的检察体制，社会主义革命和建设时期的检察体制，改革开放和社会主义现代化建设新时期的检察体制，中国特色社会主义新时代的检察体制。这其中需要说明的是，革命根据地时期的检察体制比较简单，大致是围绕革命战争而建立起来的临时体制；"文化大革命"期间的检察体制，由于受到了极大的破坏，甚至被取消，因而在社会生活中的作用被大大弱化。这两个时期的检察体制会根据相应的情况进行简要的总结与阐释，但本章探讨的重点仍然在新中国成立之后的检察体制沿革上。

一、中国检察体制的历史渊源

（一）近代检察体制之始

清末新政之前，中国并没有现代意义上独立的检察体制，正如学者曾言，"中国在清德宗（光绪皇帝）设检察厅以前，无所谓检察制度。史籍所载，虽谓侍御史职司纠举百僚，推鞫狱讼，监察御史掌分察百僚，巡按郡县纠司刑狱。但一方检罪犯，一方又审理罪犯，是检察与裁判之职责集于一身。与今日之检察官，不得兼审判官者，绝不相侔，故可谓中国古无检察制度"。① 清末新政之后，尤其在仿行立宪之后，相继颁布了《大理院审判编制法》（1906）、《高等以下各级审判厅试办章程》（1907）、《法院编制法》（1909）和《检察厅调度司法警察章程》（1910）等重要文件，奠定了检察机构的设立之基。关于具体检察机构的设置，根据《检察厅调度司法警察章程》第 12 条，凡大理院以下审判厅局均需要设有检察官，其检察局附属该衙署之内。由于在检察体制设计时参考了大陆法系，因而很大程度上检察体制是审检合署的格局。1906 年，晚清政府将刑部改为法部，大理寺改为大理院，督察院改组为检察厅（局）。法部为最高司法行政机关，大理院是最高审判机关，而京师高等检察厅（局）为最高检察机关。

根据审检合署的制度设计，检察厅（局）被设立在审判机构内。参照大理院之设置，在审判机构内部相应设立总检察厅、高等检察厅、地方检察厅和初级检察厅，任命检察长一人、检察员若干，专责指挥司法警察，收集证据，提起公诉，监督判决及其执行情况。② 至于检察机关人员编制，根据《法院编制法》的规定，具体员额由法部申请决定。同时规定，检察厅的设立依法决定。检察官独立行使职权，并由政府提供相应的物质和制度保障。在《法院编制法》第 90 条，检察官实行垂直领导制，服从京师高等检察院检察长之命令。自此之后，检察机关（检察厅）与审判机构（审判厅）正式分开，开启了审检分离的历史。

（二）北洋政府时期的检察体制

北洋政府时期，由于政权更迭动荡，检察体制的变化也非常频繁，同时由于处于过渡时期，北洋政府时期的检察体制带有军政时期混乱的特点，笔者以宪法或宪法性法律为例，来阐述相应的检察体制变革。辛亥革命之后，根据 1912 年的《中华民国临时约法》第 48 条第 2 款规定，法院之编制及法官之资格以法律定之。尽管中华民国的政府组织机构根据三权

---

① 转引自最高人民检察院研究室：《检察制度参考资料第二编（旧中国部分）》，中国检察出版社 1980 年版。

② 叶青、黄一超主编：《中国检察制度研究》，上海社会科学院出版社 2003 年版。

分立的原则展开，但检察机关的设置并未有大的改动。① 袁世凯当政时期，在保留法院"四级三审制"之下，清末的检察体制基本得以沿袭。② 1914年，鉴于财政困难，法学人才匮乏，袁世凯下令将县级地方的审判厅、检察厅撤销，县级检察官的职权由县知事（相当于县的行政长官）兼理，因而出现了行政权、司法权合一的现象。1915年，北洋政府司法部对《法院编制法》进行修订，正式废除了初级审判、检察机构，将总检察厅丞改为检察长，检察厅内分设书记官长、书记官员等。此外，北洋政府在1915年的《陆军审判条例》和1918年的《海军审判条例》中分别为陆军和海军设立了检察官。军事检察官的设立，使得部分军官兼任了军事法官和军事检察官。与之前县知事行使审判权和检察权的情形类似，这种现象助长了权力滥用的倾向，因而1917年4月，北洋政府决定重新设立地方审判和检察机构，分别为地方审判分庭和设立地方司法公署。根据《暂行各县地方分庭组织法》的规定，地方司法机构恢复四级三审制，在地方审判分庭和县级司法公署内部，设立检察官，而非检察分庭，配置1—2名检察官。如果配置多人，则至少其中一名检察官要行使监督行政执法之责。③

这一时期的检察体制大致维持了清末的格局，在检察官的职权上，如公诉、审判监督、检侦关系基本没有变动，但因为是军事独裁的混乱时期，检察体制具有颇多时代特色。第一便是扩大了检察官在刑诉中的权力，尤其是刑事简易程序。对简易程序的认定，原来属于审判厅，但在北洋政府时期，检察长取得了认定的权力。从法理上来看，这种认定权力归属审判机关显然更有利于对刑事被告人权利的保护，而归属于检察长，虽然有提升效率的考虑，但对公正不利。④ 第二，检察官对司法警察的调度权力有所提升。北洋政府时期，在宋教仁案中曾经发生了检察厅传唤国务总理的事实，这说明检察权的独立地位得到社会的承认。⑤ 在北洋政府中后期，依据《增定检察厅调度司法警察章程》之规定，检察官享有依法调

---

① 李建超、张福坤：《论清末大陆法系检察制度之引进》，载《黑龙江省政法管理干部学院学报》2013年第1期。
② 杜旅军：《司法党化中的检察权》载《河北法学》2013年第1期。
③ 刘忠：《论中国法院的分庭管理制度》，载《法制与社会发展》2009年第5期。
④ 黄俊华：《南京国民政府时期检察制度研究（1927—1937）》，河南大学2013年博士学位论文。
⑤ 马晓莉：《宋教仁被刺案》，载《中国审判》2008年第2期。

动司法警察之权,以及依法调动宪兵等军事力量之权。第三,检察体制中的军事性质被强化。北洋政府时期,军事权力膨胀,开始渗透到政府的司法体制中去,检察系统也不例外。以军事检察官为例,根据《海军审判条例》第 24 条之规定,海军检察官有权在报请批准的情况下,拘捕军事犯罪的普通人共犯。

(三) 国民政府时期的检察体制

随着北伐的胜利,1927 年蒋介石建立南京国民政府。南京国民政府是第一个以政党建立国家政权的政府,因而政府体制带有深深的党治印记。[①] 根据《最高法院组织暂行条例》的规定,南京国民政府将大理院改为最高法院,并颁布了《最高法院组织法》,在取消各级审判厅的同时设立各级法院,取消各级检察厅,改设检察官,由检察官负责检察事务,又一次回归了"审检合署"的传统。[②]

根据《裁撤检察机关改定法院名称延期实行呈》,南京国民政府司法部解释了这种检察体制改革的理由,"窃察检察制度以检举及执行两项为最大要素,故论其职掌,只是法院中司法行政部分之一种。吾国自改良司法以来,各级审判检察机关无不两相对峙,就经过事实而论,其不便之处有如下数点:一、靡费过多;二、手续过繁;三、同级两长,易生意见。凡兹所举,无可讳言,识者怀疑,每思改革。复查各国司法制度,对于检察一项,并不另设与审判对峙之机关。今当国民革命庶政更始之际,应体察现在国情,参酌外国法制,立将各级检察机关一律裁撤"。[③] 1932 年 10月,根据《中华民国法院组织法》的规定,审检分离的制度又重新建立起来,根据法院的三级三审制而设立相对应的检察体制。[④] 将检察署设立于最高法院内部,同时设立最高检察署检察长和检察官,但在高等法院和地方法院内部未设立相应的检察署,仍然是以首席检察官来行使检察职能。在公诉范围上,国民政府将威胁政权的政党(主要是共产党)的刑事案件作为特别刑事案件处理,1927 年在中央和地方两级设立特种刑事临时法

---

① 杨树林:《论南京国民政府时期检察制度存废之争》,载《求索》2013 年第 3 期。
② 李哲:《南京国民政府时期的检察官培训》,载《中国检察官》2017 年第 17 期。
③ 转引自最高人民检察院研究室:《检察制度参考资料第三编(外国部分)》中国检察出版社 1980 年版。
④ 聂鑫:《近代中国审级制度的变迁:理念与现实》,载《中外法学》2010 年第 2 期。

庭，1928 年裁撤，但 1948 年又予以恢复。同时，在《国民革命军陆军审判条例》的基础上，于 1928 年建立军事检察制度，设立军事检察官。①

这一时期的检察官职权的特点主要是：第一，对检察官侦查职能的强化。在 1928 年和 1931 年的法制改革中，国民政府扩大了检察官的自由裁量权，允许检察官在必要时享有调动军警的权力。第二，扩展了检察官的公诉监督权。根据南京国民政府《刑事诉讼法》的规定，检察官可以在一审辩论终结前追加或撤回起诉。在刑事诉讼中，检察官享有广泛的上诉提起和申诉批准权。最高检察长还拥有对下级法院判决向最高法院提起上诉的非常权力。② 第三，扩大了检察官对刑事判决执行的监督权。刑事判决执行之指挥权，刑事自诉案件判决的执行权，都归属于检察官。具体来说，包括了死刑案件的上报核准的权力、现场监督执行权、暂停执行的权力，以及遇到精神病人及怀孕妇女而暂停执行的申报权力。第四，确定了检察官的回避制度。这一时期，检察官的任职回避制度是检察体制的重要进步内容。回避的情形主要包括：检察官是刑事诉讼当事人的近亲属；检察官是证人、鉴定人等刑事诉讼其他参加人；检察官与刑事诉讼当事人有利害关系。检察官应当回避而未回避者，刑诉案件当事人可以向法院申请其回避。除了职务回避之外，还有任职回避，即检察官在三年之内不得在退职时所在区域担任执业律师。

（四）新民主主义革命时期的检察体制

新民主主义革命时期，从 1919 年新文化运动到 1949 年中华人民共和国成立，这期间中国共产党领导下的政权经历了工农民主政权时期、抗日民主政权时期和解放战争时期。这些时期对检察体制的探索为新中国建立现代检察体制及之后的检察体制改革留下了宝贵的经验。随着 1927 年井冈山革命根据地的开辟，中国共产党建立了第一个工农民主政权。在政权建设过程中，检察机关作为革命政权的有机组成部分，其建设也得到了重视。这是共产主义人民检察体制之始，是中华人民共和国检察体制的

---

① 张仁善：《南京国民政府时期县级司法体制改革及其流弊》，载《华东政法大学学报》2002 年第 6 期。

② 陈晓林、杨树林：《南京国民政府检审分立与矛盾探析》，载《关东学刊》2016 年第 4 期。

肇端。①

在革命根据地的早期，1927 年 4 月 27 日至 5 月 9 日，中国共产党第五次全国代表大会在武汉举行，大会选举产生了中央委员会和党的历史上第一个中央纪律检查监督机构——中央监察委员会。工农民主政权在考虑司法机关的设计时，一般是以肃反委员会或者革命法庭代行审判和检察职能。1931 年 11 月 7 日，中国共产党在江西瑞金成立了中华工农兵苏维埃共和国。11 月 27 日，中央执行委员会第一次会议选举产生工农检察等人民委员，何叔衡为工农检察人民委员。在成立最高法院之前，中央执行委员会在 1932 年成立了临时最高法庭，履行最高国家审判机关之职能。在临时最高法庭内部，设立检察长、检察员。根据 1932 年《中华苏维埃共和国裁判部暂行组织及裁判条例》之规定，在地方的检察体制实行"审检合一"，在军队的检察体制实行"审检分离"。② 地方的检察机关设置在法院内部，最高法院设检察长、副检察长各一人，检察员若干人，检察长、副检察长由中央执委会主席团委任，省裁判部、县裁判部（即临时审判厅）设正、副检察员，区裁判部不设检察员。在红军内部，设立初级军事检察所和高级军事检察所。1934 年 1 月 22 日至 2 月 1 日，中华苏维埃第二次全国代表大会在瑞金召开，会议选举董必武等 35 人为工农检察委员会委员。根据 1934 年《中华苏维埃共和国中央苏维埃组织法》的规定，在人民委员会下设国家政治保卫局，主要是负责对反革命案件行使侦查、逮捕和预审之权。同时存在肃反委员会，根据《中华苏维埃共和国中央执行委员会关于肃反委员会决议》第 39 条的规定：最高法院设检察长、副检察长、检察员。检察长、副检察长由中央执行委员会主席团委任。在新发展的解放区与当地临时政权，县区常委会之下设立肃反委员会，分别隶属于省、县、区苏维埃政府或革委会，是公、检、法合一的临时机关。在长征过后，红军在陕北设立了中央临时政府西北办事处，将检察处设于省、县两级革命法庭之内。

抗日战争爆发后，国共开始第二次合作，中国共产党领导下的苏维埃

---

① 李凤鸣、张嬛：《论新民主主义检察权的形成》，载《中南大学学报（社会科学版）》2012 年第 1 期。

② 刘清生：《新民主主义革命时期的人民检察制度研究》，载《中国刑事法杂志》2009 年第 10 期。

政权的性质也发生了改变，从工农民主政权向抗日民主政权转变。1937年陕甘宁边区政府成立，边区建立起一套完整的司法机构和制度体系，边区检察体制由最初的审检合署走向审检并列。1939年1月，陕甘宁边区第一届参议会决定在边区高等法院内部设立检察处，配备检察长、检察员若干，受高院领导，并独立行使检察权。1939年4月，陕甘宁边区颁布《陕甘宁边区高等法院组织条例》，对检察处的设置及职权进行更详细的规定，体现了明显的"审检合署"特点。这一制度曾经在1941年精兵简政期间被撤销，公诉和侦查职权由公安机关代为行使。但在1945年12月之后，又得以恢复并完善。1945年10月，《陕甘宁边区暂行检察条例》公布，这是中华人民共和国成立前第一部关于检察业务的单行规定。在该条例中，各级检察院受高等法院检察处检察长之领导，检察长对边区领导负责，脱离高等法院系统，实现真正的"审检分离"。① 1946年10月，陕甘宁边区政府将高等法院检察处更改为高等检察处，在其下分别设立高等检察分处和检察处。在同年11月，陕甘宁边区政府发布正式法令，系统规定边区检察体制的权力、义务及上下级关系。② 此次改革彻底实现了审判机构和检察机构的分立，并将检察机构的领导关系从边区高等法院改为边区政府。③ 此次改革标志着中国共产党人对检察体制的探索逐渐成熟，并成为中华人民共和国成立之后检察体制的雏形。④

解放战争时期，由于三年时间较短，军事战争频繁，解放区面积不断扩展，政权建设的变革并不明显。尽管在这个时期，旧政权陆续被推翻，但新政权的任务主要是镇压反革命及打击危害革命、妨碍土改之犯罪，因而检察体制的建立与完善并未提上日程。这一时期，许多解放区由于战争的原因，侦查、逮捕、公诉等检察职能由公安机关或临时军事机关来行使。还有一些地区，如东北，则延续了民国时期的检察体制，继续将检察机关设于审判机关内部。

---

① 巩富文：《陕甘宁边区的人民检察制度》，中国检察出版社2014年版。
② 侯欣一：《陕甘宁边区高等法院司法制度改革研究》，载《法学研究》2004年第5期。
③ 董必武：《董必武选集》，人民出版社1985年版。
④ 姜小川：《我国现行刑事再审制度的创立及发展》，载《中央政法管理干部学院学报》1998年第1期。

二、中国检察体制的发展历程

将新民主主义革命时期中国共产党人的检察体制建设放在前述一节，乃是因为草创时期的检察体制设计，大致是为了革命的战时需要，保障旧民主主义革命的顺利进行。中国当代检察体制虽然肇端于旧民主主义革命时期，但发展的重点仍然在社会主义革命时期，尤其是改革开放以来四十余年的改革历程。这一时期，中国共产党确立了新中国的根本政治制度、经济制度和立法、行政、司法体制制度，建立起各级人民代表大会、人民政府、人民法院、人民检察院，迅速开展了法学教育培训，初步奠定了社会主义法治的基础。

（一）过渡时期的检察体制建设

1949 年，新民主主义革命取得胜利，中华人民共和国成立。新中国推翻了帝国主义、封建主义和官僚资本主义，建立了自己的民主革命政权。在政权稳固之后，新中国开始由新民主主义革命向社会主义革命转变，1949 年至 1954 年，为新中国的过渡时期，过渡时期的检察体制建设，奠定了新中国检察体制的主体。[①]

根据 1949 年 9 月颁布的《中华人民共和国中央人民政府组织法》规定，中国人民政治协商会议决定设立最高人民检察署。在该法第 28—30 条中，最高人民检察署对政府机关、公务人员和全国国民之严格遵守法律，负最高检察责任，最高人民检察署设检察长一人，副检察长若干人，委员若干人，最高人民检察署的组织条例，由中央人民政府委员会制定。随后，中央人民政府相继公布了《中央人民政府最高人民检察署试行组织条例》《中央人民政府最高人民检察署暂行组织条例》《各级地方人民检察署组织通则》，下达了关于建立检察机关的专门指示。1949 年 10 月 22 日，中央人民政府最高人民检察署成立（1954 年更名为中华人民共和国最高人民检察院，1968 年 12 月最高人民检察院撤销，1978 年 5 月中共中央发出通知，恢复设置人民检察院）。根据上述文件规定及指示，新中国的检察体制大体设置如下：第一，由"审检合署"制改为"审检分离"制，检察机关不再从属审判机关，依法独立行使职权。第二，扩大了检察权的覆盖

[①] 李凤鸣、张嬿：《论新民主主义检察权的形成》，载《中南大学学报（社会科学版）》2012 年第 1 期。

范围。依据《中央人民政府最高人民检察署暂行组织条例》第 3 条之规定，检察机关享有一般监督权、刑事案件公诉权、审判抗诉权、劳动改造执行监督权、案件不起诉之复议权、代表国家参与其他种类诉讼的权力。第三，最高人民检察署设检察长一人，副检察长二人至三人，委员十一人至十七人，由中央人民政府委员会任命，副检察长及委员，由最高人民检察署检察长呈请中央人民政府决定。第四，最高人民检察署受中央人民政府委员会之直辖，直接行使并领导下级检察署。最高人民检察署得在各大行政区或其他区域设分署，在其所辖区域内执行最高人民检察署的职务，即垂直领导制。第五，最高人民检察署内设秘书长、办公厅和三个处室及研究室，有着明确的职责分工。

就内容而言，新中国初期创设的检察体制具有两个鲜明特征：首先，对苏联的模仿与借鉴。中国共产党人在 1949 年宣布废除伪法统，废弃六法全书，法制建设一方面靠新民主主义革命时期的检察实践，另一方面就靠苏联的国家法学说。在学习苏联上，新中国的检察体制不仅得到了苏联专家的指导和建议，而且在思想上和内容上有直接体现。思想上，鲜明地体现了列宁的检察监督思想。内容上，对检察机关一般监督权的规定，对检察机关领导体制的设定等。其次，过渡性。由于新中国成立之初的政权本身处于过渡时期，因而整个司法体制，包括检察体制处于过渡时期是正常的。这种过渡性表现为将检察机关的一般监督权和公诉权并举，未能明确而彻底区分出审判和检察之间在刑事案件中的权限等。

1950 年前后，中央先后在五个大区设立了最高人民检察署分署，开展刑事案件的公诉及镇压反革命犯罪等检察工作。根据 1951 年 9 月的《中央人民政府最高人民检察署暂行组织条例》和《各级地方人民检察署通则》之规定，在地方设立人民检察署，配备人员和下设处室、科，包括在民族自治区内亦设立同等的人民检察署。人民检察署实行双重领导制，受到上级检察署和同级人民政府之双重领导，作为政府的组成部门。1953 年 10 月，天津铁路沿线专门法院和专门检察署正式成立，这是中国最先成立的铁路沿线专门法院和专门检察署。

（二）社会主义革命和建设时期的检察体制建设

这一阶段检察体制建设最大的背景便是社会主义改造完成，社会主义国家的建立。1954 年，第一届全国人大一次会议通过了五四宪法，这是新中国第一部社会主义性质的宪法。新中国的检察体制建设初步定型，其标志便是正式建立人民检察院的体制，并将其写入宪法。1954 年 9 月 15 日至 28 日，第一届全国人大一次会议举行，会议选举张鼎丞为最高人民检察院检察长。根据 1954 年颁布的宪法、全国人民代表大会组织法、地方各级人民代表大会和地方各级人民委员会组织法以及检察院组织法的规定，这一时期的检察体制大致为：第一，检察权的范围。这一时期检察权的范围与过渡时期的检察权并无太大区别。依据 1954 年检察院组织法第 4 条的规定，地方各级检察机关的职权有所变动。地方检察机关对公共机关的决议、命令及措施的法律监督权扩展至地方各级国家机关，但不再享有参加行政诉讼的权力。第二，领导体制的变动。依法赋予地方各级检察机关独立行使检察权，不受地方国家机关之干涉。检察机关上下级之间改为领导关系，全国检察机关的工作由最高人民检察院统一领导。最高人民检察院对全国人大负责，向全国人大报告工作；在全国人大闭会期间，对全国人大常委会负责并报告工作。与此同时，确立了最高人民检察院检察长的任期制。第三，检察组织机构的改革。根据检察院组织法的规定，在中央和地方分别设立最高人民检察院、省级人民检察院、市级人民检察院（分院）和县级人民检察院。与此同时，设立军事检察院（1955 年 11 月最高人民检察院军事检察院成立，1965 年 6 月更名为中国人民解放军军事检察院，1969 年 11 月被撤销，1978 年 12 月恢复重建）、铁路检察院等专门检察院，与相应级别的法院对接诉讼业务。在检察系统内，为对接一般监督权、抗诉权和刑事申诉权而设置了一般监督厅、侦查监督厅、审判监督厅和劳改监督厅等事务机构。第四，在检察程序上。这一时期，尽管有着新民主主义革命时期的检察体制建设经验，但由于政权性质的变化，相应的检察程序仍然处于探索之中。[①] 有关立案、侦查、起诉和审判中间的程序很多处于探索之中，检察程序中的用语及其内容也有改革，如"公诉书"改为起诉书，逮捕改由法院决定或检察院批准等。[②]

　　新中国成立初期（1949—1957）的检察体制进展比较顺利。然而，

---

① 李秀清：《"五四宪法"文本中"司法"的缺失及其影响》，载《清华法治论衡》2013 年第 1 期。

② 最高人民法院关于《十四个大城市高、中级人民法院刑、民事案件审理程序初步总结》的试行总结和今后在全国试行的意见。

从 1957 年至 1966 年，由于受到阶级斗争思潮的冲击，检察体制的建设步伐被打乱，职能和机构设置出现了比较多的问题。集中表现在，检察机关的业务受到政治上的不公平对待、检察职能受到削弱、检察权范围缩小，甚至出现以公安部门代替检察部门的现象。"文化大革命"时期（1966—1976）检察体制被破坏的尤为严重，检察机关受到冲击，检察机关的机构组织和人员完全不能正常履职。根据 1975 年宪法第五节"审判机关和检察机关"之规定，检察机关之职权由各级公安机关代为行使，检察和审理案件，都必须实行群众路线。对于重大的反革命刑事案件，要发动群众讨论和批判。到了 1968 年许多检察机关被撤销，有些甚至实行军管。检察体制在"文化大革命"中的遭遇实际上是社会主义法制被严重破坏的反映。①

（三）改革开放和社会主义现代化建设新时期检察体制的重建

1978 年之后，随着改革开放的全面展开，中国的检察体制也逐渐得到恢复和发展。1978 年，中共中央决定对 1975 年宪法进行全面修订。在 1978 年宪法中恢复了检察机关的设置。正如叶剑英委员长在 1978 年的修改宪法报告中指出的，检察机关作为"同各类违法乱纪行为作斗争"的专门机关是非常必要的。这一时期，我们党提出"有法可依、有法必依、执法必严、违法必究"的方针，强调"为了保障人民民主，必须加强社会主义法制，使民主制度化、法律化"，制定修改了现行宪法以及刑法、刑事诉讼法、民法通则、民事诉讼法、行政诉讼法、三资企业法等重要法律法规，逐步形成了中国特色社会主义法律体系。

1979 年，第五届全国人大第二次会议通过了《中华人民共和国人民检察院组织法》，这部法律是改革开放之后检察体制改革与完善的基础。该法对 1954 年的检察院组织法的规定有所保留，而其中许多规定相对而言更完善。首先，该法将省级检察机关和县级检察机关的派出机构和军事、铁路、水上运输等检察机构的设置明确地在第 2 条第 4 款中加以规定。该法明确检委会的决定机制为民主集中制，一方面检察长等职位的产生由人大选举决定，另一方面要求重大案件和重大问题，可以由检察长报请本级人大常委会决定。根据《关于完善人民检察院司法责任制的若干意见》第 37

---

① 付子堂、孟庆涛：《"无产阶级专政下继续革命"的宪法命运与现代性》，载《上大法律评论》2014 年第 1 期。

条之规定，属于检察委员会决定的事项，检察官对事实和证据负责，检察委员会对决定事项负责。有研究者指出，检委会制度在保障检察权依法行使方面发挥着重大作用。相应地，将检察机关独立行使职权，不受国家机关干涉，改为不受行政机关等的干涉，更符合实际。其次，将检察机关的受案范围限于刑事案件，对一般违法、违纪案件，分别交由公安行政管理部门和党的纪律检查部门去处理，如此做法使得检务范围的设置更加科学、合理。① 在该法第 5 条中，检察机关享有五项基本职权，主要是对直接受理案件的侦查权，对公安机关侦查行为的监督权、刑事公诉权、审判监督权和判决、裁定执行及监所执行监督权。再次，增加了对公民权利的保护和检察权力的限制。在该法中，多处规定了检察机关应依法行使检察监督权，检察机关不仅对公安机关、法院的权力构成一定的制约，其本身的活动也受到各级人大及其常委会的监督。这种对内对外的权力约束使得检察机关既能充当维护国家利益、打击刑事犯罪的利器，又能维护个人权利、防止权力滥用。

1980 年，最高人民检察院公布了《人民检察院检察委员会组织条例》，对检察院检委会的设置、决定事项、发布执行的程序等作出规定，一共 8 条。1995 年通过的《中华人民共和国检察官法》，系统性地规定了检察官的组成、任期、职权、职责、保障和监督，建立起如检察官等级等各项制度。同年 8 月，最高人民检察院检察委员会通过了《检察官纪律处分暂行规定》，对检察官的职务行为进行了严格约束。2002 年，最高人民检察院公布了《检察官职业道德规范》，强调检察官履职应"忠诚于党、忠于国家、忠于人民、忠于事实和法律、忠于人民检察事业"。

中国的检察体制大致沿着改革开放初期规划的改革路线不断改革和完善。其中，检察院组织法分别在 1983 年、1986 年和 2018 年进行了三次修正或修订。2008 年 2 月，最高人民检察院第十届检委会通过了《人民检察院检察委员会组织条例》，对 1980 年的旧法规定进行了全面修订；而 1995 年制定的检察官法则分别在 2001 年、2017 年、2019 年进行了修正或修订。1995 年制定的《检察官纪律处分暂行规定》于 2017 年失效，取而代之的是 2004 年最高人民检察院公布的《检察人员纪律处分条例（试行）》，并

---

① 彭真：《关于七个法律草案的说明——一九七九年六月二十六日在第五届全国人民代表大会第二次会议上》，载《人民司法》1979 年第 7 期。

于 2007 年再次修订。2009 年最高人民检察院发布《中华人民共和国检察官职业道德基本准则（试行）》。这些检察体制的规范性文件的修订，推动了检察系统的科学化和规范化。

值得回顾的是，有以下亮点。1983 年 6 月，第六届全国人大第一次会议选举杨易辰为最高人民检察院检察长。1988 年 3 月，深圳市人民检察院经济罪案举报中心揭牌，创建了全国检察机关第一个举报中心，同年 5 月，最高人民检察院推广了深圳市人民检察院建立举报中心的经验。6 月，中共中央发出《关于党和国家机关必须保持廉洁的通知》，明确要求在各级监察机关和检察机关设立举报中心。7 月以后，全国各级检察机关相继建立举报机构。同时当年 3 月，最高人民法院、最高人民检察院发布《关于不再追诉去台人员在中华人民共和国成立前的犯罪行为公告》，指出来祖国大陆的台湾同胞应遵守国家的法律，其探亲、旅游、贸易、投资等正当活动均受法律保护。1989 年 8 月，全国检察机关第一个反贪污受贿工作局在广东省人民检察院成立，最高人民检察院将经济检察厅更名为贪污贿赂检察厅。1991 年 2 月，中央检察官管理学院正式成立，这是中国第一所培训高级检察官的高级学府。1995 年 11 月，最高人民检察院反贪污贿赂总局成立。

1993 年 3 月，第八届全国人大第一次会议举行，会议选举张思卿为最高人民检察院检察长。1995 年 2 月，第八届全国人大常委会第十二次会议通过了《中华人民共和国检察官法》（后分别于 2001 年、2017 年、2019 年修正或修订）。1995 年 10 月，最高人民检察院和监察部联合举办的第七届国际反贪污大会在北京召开，大会的主题是"反贪污与社会的稳定和发展"，来自 89 个国家和地区的 900 多名代表出席了会议。1996 年 6 月，中共中央办公厅印发《关于地方各级人民检察院机构改革的意见》，要求按照精简统一效能原则，理顺关系，合理设置机构，充实基层一线力量。

1998 年 3 月，第九届全国人大第一次会议举行，会议选举韩杼滨为最高人民检察院检察长。同年 10 月，最高人民检察院印发《关于在全国检察机关实行"检务公开"的决定》，11，《中华人民共和国检察官等级暂行规定》《评定检察官等级实施办法》印发，中国检察官等级制度正式实行。1999 年 2 月，最高人民检察院印发《检察工作五年发展规划》，截至 2021 年 6 月，最高人民检察院共印发了 4 个五年规划。

2001 年 11 月，亚欧国家总检察长会议在广州举行。2002 年 3 月，江泽民同志在会见中国首批大法官、大检察官时指出，"新形势新任务要求我们必须进一步加强司法工作，大力加强法官和检察官队伍建设，使这支队伍具备很高的思想政治素质和业务素质，讲学习、讲政治、讲正气、顾大局、守纪律，努力实践'三个代表'要求，谙熟法律、知识广博、刚正不阿、执法如山。建设起这样一支高素质的法官和检察官队伍，中国司法工作的水平就能不断得到提高"。

2003 年 3 月，第十届全国人大第一次会议举行，会议选举贾春旺为最高人民检察院检察长。同年 7 月，最高人民法院、最高人民检察院、公安部、司法部发出《关于开展社区矫正试点工作的通知》。10 月，最高人民检察院印发《关于人民检察院直接受理侦查案件实行人民监督员制度的规定（试行)》和《人民监督员制度试点工作方案》，开始探索建立人民监督员制度。2004 年 12 月，中共中央印发《中央司法体制改革领导小组关于司法体制和工作机制改革的初步意见》，提出改革和完善诉讼制度、诉讼收费制度、检察监督体制等 10 个方面 35 项改革任务。从 2004 年开始，中国启动了统一规划部署和组织实施的大规模司法改革，司法改革走向整体统筹、有序推进的阶段。2006 年 10 月，国际反贪局联合会第一次年会暨会员代表大会在北京召开，最高人民检察院检察长贾春旺当选为第一届国际反贪局联合会主席，这是第一个由中国作为主要发起国和第一个由中国人担任主席的国际司法组织。2007 年 12 月，胡锦涛在同全国政法工作会议代表和全国大法官、大检察官座谈时强调，"必须从中国特色社会主义事业发展全局的高度，进一步提高对做好政法工作重要性和紧迫性的认识，准确认识和把握政法工作的性质和职责，通过扎扎实实努力，不断开创政法工作新局面"。

2008 年 3 月，第十一届全国人大第一次会议举行，会议选举曹建明为最高人民检察院检察长。12 月，中共中央转发《中央政法委员会关于深化司法体制和工作机制改革若干问题的意见》，围绕优化司法职权配置、落实宽严相济刑事政策、加强政法队伍建设、加强政法经费保障 4 个方面，提出了 60 项改革任务。从 2008 年开始，中国启动了新一轮司法改革，司法改革进入重点深化、系统推进的阶段。2009 年，中央编办发出《关于铁路公检法管理体制改革和核定政法专项编制的通知》，将铁路公检法与铁路运输企业全部分离，一次性纳入国家司法管理体系。11 月 13 日，最高人民检察院印发《人民检察院检察建议工作规定（试行)》，标志着检察建议制度的规范化、体系化，2019 年 2 月 26 日，最高人民检察院印发《人民检察院检察建议工作规定》。2010 年 7 月，最高人民检察院印发《关于案例指导工作的规定》，确立了中国特色的检察案例指导制度。同年 11 月，最高人民法院印发《关于案例指导工作的规定》，确立了中国特色的审判案例指导制度。2011 年 3 月，最高人民法院、最高人民检察院印发《关于对民事审判活动与行政诉讼实行法律监督的若干意见（试行）》，发出《关于在部分地方开展民事执行活动法律监督试点工作的通知》，标志着检察机关开始对审判机关的民事执行活动进行法律监督。

（四）中国特色社会主义新时代检察体制的重塑

这一时期，中国共产党在团结带领人民自信自强、守正创新，统揽伟大斗争、伟大工程、伟大事业、伟大梦想，创造新时代中国特色社会主义伟大成就的历史进程中，从坚持和发展中国特色社会主义全局和战略高度定位法治、布局法治、厉行法治，把全面依法治国纳入"四个全面"战略布局谋划推进，坚持中国特色社会主义法治道路，形成了习近平法治思想。确立建设中国特色社会主义法治体系，建设社会主义法治国家的全面依法治国总目标，组建中央全面依法治国委员会。完善党领导立法、保证执法、支持司法、带头守法制度，坚持依法治国、依法执政、依法行政共同推进，坚持法治国家、法治政法、法治社会一体建设。全面深化法治领域改革，统筹推进法律规范体系、法治实施体系、法治监督体系、法治保障体系和党内法规体系建设，中国特色社会主义法治体系不断健全，法治中国建设迈出坚实步伐，依法治国固根本、稳预期、利长远的保障作用进一步发挥，党运用法治方式领导和治理国家的能力显著增强，全面依法治国总体格局基本形成，为推动党和国家事业取得历史性成就、发生历史性变革作出重要贡献。

最高人民检察院及全国检察系统，认真贯彻执行习近平法治思想，顺应人民群众对公共安全、司法公正、权益保障的新期待，深化检察体制改革，进一步提高政法工作亲和力和公信力，努力让人民群众在每一个司法案件中都能感受到公平正义。

2013 年 3 月，第十二届全国人大第一次会议举行，会议再次选举曹建明为最高人民检察院检察长。4 月 23 日，第十二届全国人大常委会第二次会议审议《全国人民代表大会常务委员会法制工作委员会关于司法解释集中清理工作情况的报告》，最高人民检察院首次对现行有效司法解释开展全面集中清理工作，确定废止 102 件，修改 55 件，保留 221 件。2014 年 3 月，中共中央办公厅、国务院办公厅印发《关于深化司法体制和社会体制改革的意见》，指出改革的重点是完善司法人员分类管理制度，完善司法责任制，健全司法人员职业保障，推动省以下地方法院、检察院人财物统一管理等，新时代的司法改革吹响了冲锋号。

这一时期的亮点闪闪，熠熠生辉，2014 年 6 月，第十二届全国人大常委会第九次会议通过了《关于授权最高人民法院、最高人民检察院在部分地区开展刑事案件速裁程序试点工作的决定》。2016 年 9 月，第十二届全国人大常委会第二十二次会议通过了《关于授权最高人民法院、最高人民检察院在部分地区开展刑事案件认罪认罚从宽制度试点工作的决定》。2018 年 10 月，第十三届全国人大常委会第六次会议通过了《关于修改〈中华人民共和国刑事诉讼法〉的决定》，在刑事诉讼法中完善刑事案件认罪认罚从宽制度和增加速裁程序。同时，党的十八届四中全会通过了《中共中央关于全面推进依法治国若干重大问题的决定》，全会提出全面依法治国的总目标是建设中国特色社会主义法治体系，建设社会主义法治国家。围绕总目标，全会提出 180 多项重大改革举措，涵盖依法治国各个方面，就科学立法、严格执法、公正司法、全民守法作出顶层设计和重大部署。这次全会是党的历史上第一次专题研究关于依法治国的中央全会。

2015 年 1 月，中央政法工作会议召开。会前，习近平就政法工作作出指示强调，全国政法机关要继续深化司法体制改革，为严格执法、文明执法、公正司法和提高执法司法公信力提供有力制度保障。要坚持从严治警，严守党的政治纪律和组织纪律，坚决反对公器私用、司法腐败，着力维护社会大局稳定，促进社会公平正义，保障人民安居乐业。3 月，党的十八届中央政治局就深化司法体制改革，保证司法公正进行第一次集体学习。习近平在主持学习时强调，要坚持以提高司法公信力为根本尺度，坚定不移深化司法体制改革。9 月，最高人民检察院印发《关于完善人民检察院司法责任制的若干意见》，取消检察机关长期以来实行的"三级审批制"办案模式，确立人民检察院"谁办案谁负责、谁审批谁负责"的检察官办案责任制。11 月，中央军委印发《军事司法体制改革实施方案》，对军事法院、军事检察院职能机构设置、案件管辖范围及相关制度机制等作出部署。

2016 年 1 月，中央政法工作会议召开。会前，习近平就政法工作作出指示强调，全国政法机关要增强忧患意识、责任意识，防控风险、服务发展、破解难题、补齐短板，提高维护国家安全和社会稳定的能力水平，履行好维护社会大局稳定、促进社会公平正义、保障人民安居乐业的职责使命。4 月，江苏省徐州市中级人民法院对徐州市鸿顺造纸有限公司非法排污案开庭宣判。该案是检察公益诉讼制度试点以后，人民法院开庭审理的首起公益诉讼案件。6 月，中共中央办公厅印发《从律师和法学专家中公开选拔立法工作者、法官、检察官办法》。7 月，最高人民法院、最高人民检察院、公安部、国家安全部、司法部印发《关于推进以审判为中心的刑事诉讼制度改革的意见》，贯彻罪刑法定、疑罪从无、证据裁判、庭审中心等原则，明确了审判程序在刑事诉讼中的中心地位。2017 年 7 月，最高人民检察院首批员额检察官选任完成，截至 2021 年 6 月，全国共有员额检察官 6.8 万余名。2018 年 2 月，根据国家监察体制改革要求，全国检察机关查处贪污贿赂、失职渎职以及预防职务犯罪等反腐败相关职能、机构及 44151 名检察干警全部完成转隶。10 月，最高人民检察院发出"一号检察建议"，针对校园安全管理规定执行不严格等问题向教育部发出建议。2月，最高人民法院、最高人民检察院、公安部、司法部印发《关于办理恶势力刑事案件若干问题的意见》《关于办理"套路贷"刑事案件若干问题的意见》《关于办理黑恶势力刑事案件中财产处置若干问题的意见》《关于办理实施"软暴力"的刑事案件若干问题的意见》。2020 年 1 月，最高人民检察院印发《检察机关案件质量主要评价指标》，检察机关正式建立以"案—件比"为核心的案件质量评价指标体系。2 月，最高人民法院、最高人民检察院、公安部、司法部印发《关于依法惩治妨害新型冠状病毒感染肺炎疫情防控违法犯罪的意见》。8 月，最高人民法院、最高人民检察院、公安部印发《关于依法适用正当防卫制度的指导意见》，对依法适用正当防卫制度涉及的相关问题作出系统规定。11 月，中央全面依法治国工作会议召开，习近平提出了"十一个坚持"，即坚持党对全面依法治国的领导；坚持以人民为中心；坚持中国特色社会主义法治道路；坚持依宪治国、依宪执政；坚持在法治轨道上推进国家治理体系与治理能力现代化；坚持建设中国特色社会主义法治体系；坚持依法治国、依法执政、依法行政共同推进，法治国家、法治政府、法治社会一体建设；坚持全面推进科学立法、严格执法、公正司法、全民守法；坚持统筹推进国内法治和涉外法治；坚持建设德才兼备的高素质法治工作队伍；坚持抓住领导干部这个"关键少数"。这是党中央第一次召开全面依法治国的工作会议，会议确立了习近平法治思想在全面依法治国工作中的指导地位，这是中国特色社会主义法治建设进程中具有重大现实意义和深远历史意义的大事。12 月，中共中央印发《法治中国建设规划（2020—2025 年）》，国家监察委员会与最高人民法院、最高人民检察院、公安部印发《关于加强和完善监察执法与刑事司法衔接机制的意见（试行）》。2021 年 6 月，中共中央印发《关于加强新时代检察机关法律监督工作的意见》。

┃ 第二节　当前检察体制改革的现状

新中国成立以来，尤其是改革开放以来，中国的检察体制逐渐走向正规化、科学化和系统化。经过近些年的不断改革，当前中国的检察体制已经比较稳定和完善。[①] 总的来看，改革后的检察体制很好地适应了当代中国的国情，比较系统和完善的各项制度也满足了当前人民群众的司法需求，是一套符合历史和国情，兼顾了稳定和发展的良性体制。

一、检察体制改革的现实形势

随着改革开放进入深水区，检察体制改革也进入一个新的历史阶段。从党的十八大开始，检察体制改革的工作就在不断进行，随着中国全面进入中国特色社会主义新时代，社会主要矛盾也发生变化，检察体制改革所面临的现实形势与历史使命也不同以往。在此，笔者首先分析一下现阶段检察体制改革面临的新形势。

（一）全面进入中国特色社会主义新时代

中国特色社会主义新时代是党中央对当前发展的历史方位的最新界定，是中国改革开放进一步深化的基本背景，中国特色社会主义新时代论断的提出，具有多方面的重要现实意义，并为检察体制改革提供动力。

---

① 《人民检察》杂志在 2018 年第 23—24 期合刊中系统地总结了 1978 年检察机关恢复重建以来的成就，见《1978 年，检察机关恢复重建》，载《人民检察》2018 年第 23—24 期。

　　首先，新时代论断所突出的背景。新时代的"新"体现在中国决胜全面建成小康社会，实现中国式现代化进而实现中华民族伟大复兴。改革开放之初，邓小平关于"社会主义初级阶段"的论断仍然成立，但当前的发展与当时的国情差别巨大。经历了改革开放的四十多年，中国在政治、经济、文化、军事、教育等多个方面取得举世瞩目的成就。政治上，中国共产党领导的人民民主专政的社会主义制度不断巩固和发展，人民代表大会及其所产生的政府、监察委、法院、检察院的体制不断得到巩固和完善。① 社会主义民主政治的成就，是各个国家机构改革的良好政治环境。经济上，中国业已成为世界第二大经济体，得益于政府与市场界限的划分，社会主义市场经济体制不断完善并向纵深发展，物质生产和消费得到了极大提高，为精神文明建设和政治文明、生态文明与社会文明奠定了扎实的基础。文化上，中国社会主义事业的全面发展促进中国文化成为世界文明的贡献力量，党的十九大报告指出，社会主义新时代的文化建设必须"坚持为人民服务、为社会主义服务，坚持百花齐放、百家争鸣，坚持创造性转化、创新性发展"，② 社会主义核心价值观是社会主义文化建设的最新发展。军事上，国防和军队现代化已经取得了长足的进步，军队体制不断得到优化，军事人员的素质不断得到提高，后勤保障等各项工作逐渐科技化、现代化、信息化。

　　其次，社会主要矛盾发生变化。中国社会主要矛盾的变化，实际上反映了当前社会主要解决的问题和面临的形势的变化。党的八大对半殖民地半封建社会的分析得出了结论：国内的主要矛盾，已经是人民对于建立先进的工业国的要求同落后的农业国的现实之间的矛盾，已经是人民对于经济文化迅速发展的需要同当前经济文化不能满足人民需要的状况之间的矛盾。党的十一届三中全会根据现实国情的发展，提出了"中国社会的主要矛盾是人民日益增长的物质文化需要同落后的社会生产之间的矛盾"。③ 自改革开放以来的四十多年时间里，中国社会正是根据党对基本社会矛盾的

---

① 杨蓉：《新时代检察教育培训发展的新定位、新特征、新使命》，载《中国检察官》2017年第21期。

② 习近平：《决胜全面建成小康社会　夺取新时代中国特色社会主义伟大胜利——在中国共产党第十九次全国代表大会上的报告》，载中国政府网，http//www. gov. cn/zhuanti/2017 – 10/27/content_ 5234876. htm。

③ 《中国共产党第十一届中央委员会第三次全体会议公报》，载《实事求是》1978 年第 4 期。

判断而准确地把握了中国社会的国情，从而作出正确的路线、方针、政策，才能取得社会主义建设的伟大成就。党的十九大报告指出，中国特色社会主义进入新时代，社会主要矛盾已经转化为人民日益增长的美好生活需要和不平衡不充分的发展之间的矛盾。这一论断是实事求是的，是真实反映了现阶段的客观情况的。报告指出，中国社会生产力水平总体上显著提高，社会生产能力在很多方面进入世界前列，更加突出的问题是发展不平衡不充分，这已经成为满足人民日益增长的美好生活需要的主要制约因素。

最后，司法体系需求的变化源自社会主要矛盾的变化。改革开放之初，各种国家机构亟待恢复，法治系统需要重建。进入中国特色社会主义新时代之后，"物质文化的需要"基本得到满足，人民群众的需求开始转向更为全面的幸福感和安全感，对"民主、法治、公平、正义、安全等方面的需求"，其中最重要的是对法治的需求。有学者指出，法治既是全面建设社会主义现代化国家的内在要求，也是人民群众创造美好生活的内生性需要和保障。① 人民群众对高质量法治的期待，对新时代检察体制提出更多的新要求，要求检察体制的改革，紧跟时代需求，及时转变检务观念，提升检务水平，让人民群众在每一个司法案件中感受到公平正义。

（二）中国特色社会主义法律体系逐渐完备

2011 年 3 月 10 日，全国人大常委会委员长吴邦国在十一届全国人大四次会议上正式宣告中国特色社会主义法律体系的诞生。这一法律体系，是新中国成立六十多年以来，改革开放三十多年以来，中国法治建设的重大成果。这个体系以宪法为统帅，以宪法相关法、民法商法等多个法律部门为主干，由法律、行政法规、地方性法规、自治条例和单行条例等多个层次的法律规范构成。②

中国特色社会主义法律体系的建立，标志着中国基本终结了无法可依的局面，社会主义各项事业进入法治轨道，极大地推进了法治国家的建设。对检察体制而言，这一法律体系的建设构成其改革的法律背景，对后续的改革也有很多的制度意涵。首先，作为现行检察体制建立之根据的八二宪法业已实施超过四十年，尽管中间经历了五次修改，但仍然不失为一

---

① 杜睿哲：《新时代社会主要矛盾突出法治需要》，载《中国社会科学报》2018 年 3 月 9 日。

② 中华人民共和国国务院新闻办公室：《中国特色社会主义法律体系》，人民出版社 2011 年版。

部设计、制定、实施优良之改革宪法。这为接下来的检察体制改革提供了宪法合法性。其次，检察系统已经具备比较完整的部门法规范。目前，与检察体制相关的法律规范基本上都已经具备。检察院组织法、检察官法等已经成为中国特色社会主义法律体系主干中的重要组成部分。再次，检察法治业已形成多层次法律规范。目前，从法律、行政法规、部门规章到地方性法规、自治条例和单行条例，中国的检察法治业已形成多层次的法律规范集合体。这些法律规范的制定主体，既有人大及其常委会，又有中央、部委和设区的市以上的地方各级政府，同时还有最高人民检察院。规范的内容，既有程序，又有实体；既有关于组织结构，又有关于人员组成，因而这种多层次、全方位的检察法制环境对当下检察体制改革极为有利。

（三）党和国家机构改革的积极推行

2013 年 11 月，党的十八届三中全会通过《中共中央关于全面深化改革若干重大问题的决定》，提出"推动法治中国建设"，并要求确保依法独立公正行使检察权。改革司法管理体制，实现检察院人财物统一管理，探索建立与行政区划适当分离的司法管辖制度，保证国家法律统一正确实施。建立符合职业特点的司法人员管理制度，健全检察官统一招录、有序交流、逐级遴选机制，完善司法人员分类管理制度，健全检察官职业保障制度。优化司法职权配置，健全司法权力分工负责、互相配合、互相制约机制，加强和规范对司法活动的法律监督和社会监督。2017 年 10 月，党的十九大报告提出"坚持全面依法治国"的基本方略，报告指出：深化司法体制综合配套改革，全面落实司法责任制，努力让人民群众在每一个司法案件中感受到公平正义。在完善司法体制四梁八柱的过程中，检察体制的改革也逐步推进。

2018 年 2 月，党的十九届三中全会审议通过《中共中央关于深化党和国家机构改革的决定》，同年 3 月，中共中央印发了《深化党和国家机构改革方案》。该方案对检察体制改革的推进有着深刻的指导作用。首先，中央决定成立全面依法治国委员会，作为党中央决策议事协调机构；其次，中央决定设立国家监察委，将检察机关反贪职权、纪委监察局反腐败职能结合起来，并相应在地方设立监察委。同时，十三届全国人大一次会议以专章通过了监察委员会的设置，自此形成由人大产生政府、监察委、法院、检察院的国家机关体系。党和国家机构的重大改革，也带动了检察体系的改革，检察体制不仅涉及检察权，也涉及检察组织，更涉及党的领导，因而也会进行相应的改革。

二、检察体制改革的历史使命

现阶段检察体制改革，必须坚持整体司法体制改革的方向与路径。党的十九大报告鲜明指出公正司法对于社会主要矛盾解决的重要意义。2012年，国务院新闻办公室发布了《中国的司法体制改革》白皮书，要求司法体制的改革目的应"保障人民法院、人民检察院依法独立公正行使审判权和检察权，建设公正高效权威的社会主义司法制度，为维护人民群众合法权益、社会公平正义、维护国家长治久安提供坚强可靠的司法保障"。最高人民检察院 2015 年修订了《关于深化检察改革的意见（2013—2017 年工作规划）》，检察体制改革的目标是"让人民群众在每一个司法案件中感受到公平正义，为实现中华民族伟大复兴的中国梦提供强有力的司法保障"，因而，现阶段检察体制改革的历史使命有如下三点。

（一）强化检察机关的宪法地位

从宪法解释学的角度来看，检察机关的宪法地位是不容置疑的，中国现阶段检察体制改革必须立足国情，基于宪法来开展相应的改革。根据宪法规定，中国的根本政治制度是人民代表大会制度，全国人大和地方各级人大是国家权力机关，产生国家执行机关、监察机关、司法机关及军事机关等。检察机关由人大产生，向人大负责并报告工作，检察机关作为司法机关和国家法律监督机关，依法独立行使检察权，不受行政机关、社会团体和个人的干涉。为了进一步落实检察机关的宪法地位，宪法强调检察权行使的专属性和独立性。行政机关、监察机关、审判机关、检察机关具有同等的宪法地位，它们之间既无从属关系，也无依附关系。

（二）强化检察机关的司法特征

坚持检察机关在宪法上司法机关的定位，仅仅是检察体制改革开展的前提。除此之外，检察权、检察机构、检察人员、检察权行使方式、检察监督和保障等构成的检察体制也需要予以明确。根据宪法第 134 条的规定，检察院是国家法律监督机关，然而不可忽视的是，从检察院组织法的历次修订中可以看出，检察机关的法律监督职能在弱化，而作为诉讼机关的司法职能在强化，宪法将"人民法院"和"人民检察院"放在一起规定，显然是看重检察机关的司法机关属性。首先，这种对检察机关的属性定位与检察官的法律监督地位并不冲突。原因在于：第一，检察机关行使诉讼的基本职能，即在刑事司法领域案件的诉讼中行使公诉权；第二，检察工作具有客观性，检察官的职务履行也是客观中立的，应以事实为依据，以法律为准绳；第三，检察机关的司法机关属性和法律监督机关属性在宪法和组织法上是并存的，这意味着检察机关的双重属性是得到宪法和法律承认的；同时，在检察监督和保障上，检察机关与审判机关并无太大区别，包括检察官的任职资格、晋升程序等。其次，明确检察机关在宪法上司法机关的定位与笔者提出检察权具有行政权某些属性的论断也不冲突。第一，检察权具有行政权的某些属性并不排除其在职能上体现出司法权的特点；第二，从法律体系上将检察机关归类为司法机关，其目的在于实现国家机关分类体系在逻辑上的完整性、条理性。

（三）改革检察职能履行机制

检察体制涉及的是检察系统的全方位构造，而检察机制则涉及检察业务开展的渠道及方式，在改革检察体制之外，现阶段检察体制的变革还必须兼顾改革检察机制的使命。结合法律规定和检察工作实践，现阶段中国检察机关的职能履行机制主要包括两个方面，一个是法律监督职能机制，另一个是诉讼职能机制。法律监督职能源自对苏联检察体制的学习，业已成为社会主义法律体系的特色，但这种法律监督职能，范围多局限于宏观的政治性监督，是一种法律上各种权力之间的监督。诉讼职能，则主要是检察机关在刑事诉讼案件中行使侦查监督权、提起公诉并出庭支持公诉、抗诉等权力，是一种纯粹司法性质的权力。为了积极推进这两方面职能机制的改进，最高人民检察院制定的五年改革规划提出了一系列的改革任务和具体措施。显然，改革的进程离不开对改革使命的追求。

三、检察体制改革的阶段成果

（一）检察权的配置方面

根据现行检察院组织法，检察机关行使八项职权。相对于 1979 年、1983 年、1986 年对检察权的规定，删除了危害国家安全犯罪，对破坏国家政策、法律统一实施的重大犯罪案件的检察权规定，但仍然享有侦查权和诉讼监督权，增加了提起公益诉讼的权力，以及参加民事诉讼和行政诉讼活动的法律监督权力，突出了检察机关的公诉权，强化了检察权作为法律监督权的性质。由于 2018 年的国家机构改革中将贪污贿赂、渎职等犯罪的侦查权划归监察委员会，① 因而检察机关自侦案件的范围进一步缩小，检察权配置也相应地发生变动，有所缩减。②

（二）检察领导体制方面

现行检察院组织法进一步优化了中国的检察领导体制，检察官在检察长统一领导下工作，重大事项由检察长决定或者检察委员会决定，检委会实行民主集中制。下一级人民检察院检察长的任免，由上一级人民检察院检察长提请本级人大常委会批准。检察长实现双重负责制，既对上一级人民检察院检察长负责，也对本级人大及其常委会负责，负责的形式是向其报告工作，并接受其监督。2010 年，根据《关于铁路法院检察院管理体制改革若干问题的意见》，铁路检察院与铁路运输企业分离，铁路检察院纳入所属地区的检察系统，这标志着铁路司法回归全国司法统一管理体系。

（三）检察组织体系方面

2018 年修订的检察院组织法在第四章专章规定"人民检察院的人员组成"，更详细的规定体现在检察官法及人民警察法中。检察院包括检察长、副检察长、检委会委员和检察员。检察院人员配置按检察官、检察辅助人员和司法行政人员分类管理。检察官实行员额制，员额数量根据案件数量、经济社会发展情况、人口数量和人民检察院层级等因素确定。检察官应当具备一定的职业伦理和专业素质，检察长应当具备法学专业知识和技能，检察官助理在检察官指导下处理辅助事务，书记员负责案件记录等检察辅助事务，司法警察负责一定的警务事项。

（四）检察运行程序方面

2011 年，中国已经初步建成了中国特色社会主义法律体系，法治逐渐完备。在这一背景下，检察权中的一般监督权的功能逐渐规范化，而公诉

---

① 本书编写组：《中共中央关于深化党和国家机构改革的决定》，人民出版社 2018 年版。

② "监察法和刑事诉讼法的衔接，即所谓的'法法衔接'问题，进一步成为理论和实践的重要话题。"参见徐鹤喃：《监察法与刑事诉讼法的衔接与统合》，载《人民检察》2019 年第 1 期。

权等诉讼职能逐渐强化，因而新修订的检察院组织法强化了对检察院诉讼权的规定，包括对刑事案件的审查、侦查权，对犯罪嫌疑人逮捕的批准或决定权、提起公诉并出庭支持的权力、抗诉的权力、司法解释权等，其余的是对诉讼活动的监督权，尽管仍然属于一般监督权的范畴，但范围已经极力缩小。① 根据刑事诉讼法的规定，检察程序中，检察院对刑事诉讼的参与是全阶段、全方位的，从立案到执行，不仅涵盖了由公安机关侦查的刑事案件，还包括检察院自侦案件，以及特殊刑事案件，比如未成年人犯罪案件。②

（五）检察监督和保障制度方面

改革开放后，检察体制得到重建及完善。检察监督方面，一方面，国家更注重检察权的制度建设，积极完善各项制度化的规定。另一方面，国家也非常注重对检察权的监督。原因有两点：其一，"文化大革命"中检察系统的破坏带来了人权的践踏，这是一个非常惨痛的经历和教训；其二，改革开放后，中国融入世界，人权话语逐渐兴起，并全方位融入中国的法治建设，检察体制也不例外。当前的法治体系中，对检察权的监督是非常有力的，检察机关接受双重领导，一方面应对本级人大及其常委会负责并报告工作；另一方面接受上一级检察机关的领导。在诉讼活动中，检察机关、审判机关和公安机关之间不仅是相互配合，还是相互制约的关系。在检察机关内部，检察官法、《检察官职业道德基本准则（试行）》、《检察人员纪律处分条例（试行）》、《检察官职业道德规范》等规定构建了对检察人员职务行为全方位的职业伦理约束。在检察保障制度上，检察院组织法专章规定"人民检察院行使职权的保障"，不仅检察机关是依法独立行使职权，检察官行使职权的独立性也得到了保障，检察工作不受不当干涉，检察官的人身安全受到保护。检察人员的业务培训制度、薪酬保障制度、员额制度、信息公开制度等一一确立，有力地保障了检察工作和

---

① 有论者指出，应当对检察实务中的捕诉合一可能性进行研究。参见张静、张志强：《实行"捕诉合一"应解决的几个问题》，载《检察调研与指导》2018 年第 5 期。

② 尉延峰、赵爱军：《社区矫正法律监督一体化机制研究》，载刘军主编：《检察研究与司法实务》2016 年第 1 期。有论者指出：社区矫正情况复杂，应当慎重对待。参见章琛：《社区矫正人员收监执行情况应引起高度重视》，载《检察调研与指导》2018 年第 5 期。

检察人员的正常履职环境。①

┃第三节　检察体制改革的现实困境

在当前的形势下，检察体制改革有诸多问题尚不清楚，这其中既包括理论上的，也包括实践上的。之所以出现这种状况，一方面，因为中国建设社会主义的时间并不长，而社会主义性质的检察体制并无先例可循。苏联曾经开创了社会主义检察体制的先河，但解体后的俄罗斯联邦检察体制又回归到大陆法系。另一方面，检察体制是中国移植外国法的产物，并非本土内部生发，而且时间也很短，从新中国建立之后起算，不过短短七十多年时间。现阶段的检察体制在理论上和实践上遭遇到困境，这是中国特色的检察体制发展的必经阶段，尽管这些困境是暂时的，但解决不好将影响司法体制改革的大局。有学者指出，当前改革应当避免：一是在检察机关办案组织和办案方式司法化改革的口号下，盲目引入法院的合议制工作机制，造成"检察官法官化"；二是错误理解和定位检察长负责制，排斥、否定检察官独任制，抹杀了检察官独立行使检察权的主体地位，造成"检察官手足化"；三是面对犯罪形势发展专业化的趋势，匆忙成立各类专门化的办案机构，固定检察官的办案类型，导致"检察官专门化"。②

一、检察领导体制的困境

（一）检察权领导体制的含义

根据宪法、检察院组织法、刑事诉讼法等法律的规定，检察机关的领导体制有多重含义，一则指国家权力机关与检察机关之间的领导关系，二则指上级检察机关与下级检察机关之间的领导关系。除此之外，有时也指检察机关内部领导制度。在笔者看来，论及检察权领导体制，其中最为重要的是上级检察机关与下级检察机关之间的领导，它直接关系检察权的有

---

① 沈红波、张利：《人本理念的贯彻与检察官管理激励机制的完善——以马斯洛需求层次理论为研究视角》，载《湖北警官学院学报》2013 年第 1 期。

② 万毅：《检察改革"三忌"》，载《政法论坛》2015 年第 1 期。

效运行问题。下文的检察权领导体制主要是在此意义下展开。

（二）检察权领导体制的历史沿革

自新中国成立以来，中国检察领导体制一直处于发展变化之中，具体可以划分为以下几个时期。①

一是地方政府管理时期。在检察体制草创时期，根据《中央人民政府最高人民检察署试行组织条例》的规定，在中央层面设置最高人民检察署，并明确规定检察系统实行垂直领导，各级地方人民检察署独立行使职权，只接受最高人民检察署指挥。但是，当时解放战争刚刚结束，各业百废待兴，许多地方的检察署建制尚不完全，甚至有不少县区并未设立检察署。因此，为权宜考量，一些县区将检察署附设于公安机关或者甚至直接实行两机关合署办公，由公安机关兼领检察业务，公安机关首长或副职兼任检察机关领导职务。由于各地公安机关属于地方政府管理，所以检察机关也由地方政府管理，这实际上就形成了地方政府直接领导检察机关的体制。

二是形式垂直领导时期。1954年，中国颁布了第一部宪法，其中明确规定了人民检察院依法独立行使职权，上级人民检察院领导下级人民检察院，最高人民检察院统一领导各级人民检察院，地方各级人民检察院独立行使职权，不受地方国家机关的干涉，最高人民检察院对全国人民代表大会及其常务委员会负责并报告工作。检察机关内部领导关系有所调整，将"检察委员会议"正式确定为"检察委员会"，在检察长的领导下处理检察工作有关重大问题，按照民主集中制原则实行合议制。这种垂直领导是从苏联移植而来的"舶来品"，虽进行了一些本土化改造，但更多的是照搬和模仿，并非源自法治自觉和内在需要，具有一定的功利主义色彩和形式主义、教条主义特点。

三是实质地方领导时期。在20世纪50年代中后期，逐步将上级人民检察院对下级人民检察院的领导改为上级人民检察院对下级人民检察院的监督，地方各级人民检察院开始直接接受地方政府领导，这是经过长期实践并总结历史经验，逐步建立起来的中国特色领导体制。但这一时期，"左倾"主义严重影响检察工作建设，法律虚无主义盛行，检察机关检察

---

① 马力：《检察机关领导体制改革刍议》，载《黑河学刊》1988年第3期。

权受到极大削弱。

四是空白时期。1966 年"文化大革命"爆发，各地开始砸烂"公检法"，实行军管，实际上政法工作已经处于停滞状态，甚至在 1975 年宪法中直接取消了检察机关，将其职能与公安机关进行合并。

五是恢复垂直领导时期。在"文化大革命"结束以后，检察系统开始进行复建。1979 年通过检察院组织法要求检察机关向同级人大报告，并且实行检察机关垂直领导体制，即恢复上级检察机关领导下级检察机关，最高人民检察院统一领导各级人民检察院的体制。首先，在组织体系方面。现行人民检察院组织法在规定地方人民检察院包括省级、设区的市级、基层人民检察院的同时，规定了新疆生产建设兵团检察院、派出检察院和检察室的设置方式。其次，在检察机关上下级领导关系方面。现行人民检察院组织法规定最高人民检察院领导地方各级人民检察院和专门人民检察院的工作，上级人民检察院领导下级人民检察院的工作。再次，在依法独立行使检察权方面。现行人民检察院组织法规定，"人民检察院依照法律规定独立行使检察权，不受行政机关、社会团体和个人的干涉"。最后，在内部领导关系方面。检察长领导本院检察工作，管理本院行政事务。

（三）检察权领导体制的现状

虽然法律规定了检察机关采用下级人民检察院接受上级人民检察院领导的体制，但是实际上，在实践中却形成了另外一种"异化"的双重领导制度，即除了上级检察机关领导外，检察机关还直接受制于地方党政机关，接受地方党政机关的领导，这种"异化"的双重领导对于人民检察院独立行使职权，以及展开法律监督影响颇大，阻碍了检察机关的有序运转。

（四）检察权领导体制的困境

根据宪法第 137 条第 2 款的规定，人民检察院业务实行垂直领导体制，政治上对国家权力机关负责并报告工作。最高人民检察院领导地方各级人民检察院和专门人民检察院，上级人民检察院领导下级人民检察院，这一规定是基于法制统一的角度而制定的，但这一领导体制在落实的过程中受到很多因素的影响，主要表现在业务领导关系与人事组织关系的背离上。即有学者所谓"业务领导与权力实现上归上级检察院并集中于最高人民检察院，而地方各级检察院的人事权及财政权归于地方各级权力机关及政府"。① 这种情形下的检察领导体制部分类似于行政机关，部分类似于司法机关。正如学者洪浩指出的，"这种责、权、利分离的双重领导原则的实施，要么使得检察权的实现届从于地方主义的需要，要么使检察权的实现陷入空谈。那种既使中央政策得以畅通贯彻，又使得地方民主有生动活泼的局面的想法，不过是法律虚无主义者的理想而已"。② 造成这一结果的部分原因在于对检察权的定位不清，部分原因在检察体制的国情特色。垂直管理的宗旨在于使检察权依法独立行使，而检察机关组成人员由全国和地方权力机关选举产生，本意是通过民主集中制让检察体制具有更多的民主性，但这其中如何处理受地方主义干扰的问题，仍然值得思考。③

二、检察组织体系的困境

（一）检察组织体系的历史沿革

检察机关内设改革伴随着中国检察体制建设而在进行逐步完善。自检察机关恢复重建以来，中国检察机关内设机构改革大致经历了三个阶段。④

第一阶段：20 世纪 80 年代，内设机构恢复摸索时期。1978 年全国人大正式决定恢复设置人民检察院，撤销数年之久的检察机关开始逐步复建。随后 1979 年检察院组织法正式颁布，初步为检察机关内设机构设置定下基调，提出在最高人民检察院至少应当设立刑事、法纪、监所、经济等检察厅，如果有需要，还可以增设其他业务厅，其他各级人民检察院也随之按照最高人民检察院的设置模式配置自己的内设机构。这一时期，最高人民检察院以及各级人民检察院内设机构整齐划一，基本上都以"检察"命名，上下对口一致。

第二阶段：20 世纪 90 年代至 2012 年，内设机构多元化改革时期。进入 20 世纪 90 年代，检察机关恢复设置经历了十几年，积累了不少经验，

---

① 魏黎明等：《我国检察体制改革面临的问题与对策——以刑事诉讼为视角》，载《山东社会科学》2012 年第 8 期。

② 洪浩：《检察权论》，武汉大学出版社 2001 年版。

③ 宋孝贤：《履行检察职能 坚决反对和制止执法中的地方和部门保护主义》，载《人民检察》1997 年第 4 期。

④ 邱学强：《恢复重建以来检察机关内设机构改革的历史经验与启示》，载《检察日报》2018 年 11 月 13 日。

检察机关逐步感到原有的整齐划一的设置模式有些不符合实践需求，开始进行新的内设机构设置探索。如1995年最高人民检察院为处理日益增多的腐败案件，开始设置反贪污贿赂总局，在四年后又依据"捕诉分离"的要求开始设立审查批捕厅与公诉厅。到2012年，因应死刑复核权收归至最高人民法院，最高人民检察院开始设立死刑复核检察厅。在此期间，检察机关秉承实用主义的态度，按照不同的功能设置不同的内设机构，内设机构设置方面整体呈现出一种多元化的发展时期。

第三阶段：2013年以来，依据检察权职能探索建立内设机构时期。自2013年以来，最高人民检察院开始意识到多元化的内设机构设置模式的弊端，认为这种应景式的改革过于重视对策应对，而忽视内在检察权运行需求，不利于检察权的有效行使。党的十八大以来，习近平总书记开始提出全面深化司法体制改革，最高人民检察院开始同步探索建立符合司法规律的内部机构设置模式。

（二）检察组织体系的现状

首先，原内设机构设置与国家监察体制改革要求不相符合。国家提出监察体制改革，要求将原有的检察机关职务犯罪侦查权转隶至监察机关。2018年，最高人民检察院将反贪污贿赂总局转隶至国家监察委员会，这次改革剔除了检察机关针对公职人员职务犯罪的侦查权，但是仍然保留了部分侦查权，如保留了部分针对因实施法律监督而发现的违法行为的侦查权。

其次，原有内设机构同司法体制改革的要求不相适应。随着本轮司法体制改革的进一步深化，原有内设机构同落实司法责任制的改革要求不适应。检察机关司法责任制要求"谁办案谁负责，谁决定谁负责"，重点强调司法办案的亲历性。这就要求全面建立检察办案单元制，将司法责任直接落实到办案检察官身上，原有的逐级审批模式显然无法满足这一需求。

最后，原内设机构的整体资源不均衡，整体人员需求与编制有限之间存在矛盾。随着检察职能的不断扩展，检察业务人员的需求也在逐步增加，但是与之相对的则是中央政法编制的固定与紧缺，通过增设机构来应对检察职能发展的方式已经无法满足实践要求，检察机关迫切需要寻求更为适当的内设机构设置方式来解决这一矛盾。与此同时，检察机关内设机构之间存在资源不均衡的情形。一方面，检察机关中承担政工、技术、行政装备等职能的综合管理类机构所占比例过大，不利于检察业务的有效运行。另一方面，各个业务部门之间资源配置也不均衡，在检察机关内部，如侦监、公诉等部门人员较多、配置强，而民行、控申、刑事执行检察等部门则相对薄弱，这也不利于检察权能发挥作用。

因此，考虑到上述提及的现实需求，尤其是要适应司法体制改革的要求和配合国家监察体制改革，目前，从中央到地方的各级检察机关都在开展内设机构的改革工作，并取得了许多重要成果。

第一，内设机构的重组。最高人民检察院因应于改革需求，率先垂范，按照案件类型组建四个刑事办案机构，实行"捕诉合一"的办案机制，重点突出检察机关的专业化诉求，重新调整组建了 10 个检察业务机构，并按数字排序统一命名，各机构之间职能划分清晰明确，一目了然。

第二，各地检察机关贯彻司法责任制改革需求，针对内设机构繁杂的问题，坚持扁平化管理与专业化建设相结合，探索进行"大部制"改革，精简内设机构，突出检察官办案主体地位。开展"大部制"改革，将检察机关内设机构进行大幅度整合，改"处""科"为"部"，一方面去除原有的行政化色彩，另一方面也保证内部管理的扁平化，有利于提升整体检察效率。

（三）检察组织体系的困境

检察组织体系的困境主要表现为两个问题：一是检察组织人员的人事管理过度依赖地方；二是检察辅助人员的设置不合理，数量太少。根据检察官法第 2 条的规定，检察官是指最高人民检察院及地方各级人民检察院和专门人民检察院的检察长、副检察长、检察委员会委员、检察员。检察组织人员，除了包括检察官之外，还包括了书记员和司法行政人员，检察官法同时确立了检察机关的组织机构。地方各级检察长、副检察长、检察员的任命都是高度依赖地方各级国家权力机关，在具体的人事管理上，根据"党管干部"的原则，检察机关的组织人员管理又特别依赖地方的组织人事管理部门。从财政经费的管理上来说，地方各级人民检察机关又依赖同级政府的财政部门，这使得检察组织人员无法行使检察官法第 6 条的权利，即不受行政机关、社会团体和个人的干涉。

检察辅助人员列入检察体制改革的视野是在 1999 年开始，最终在

2013 年的《人民检察院工作人员分类管理制度改革意见》中作出现行基本分类的决定。该文件将检察辅助人员细分为检察官助理、书记员、司法警察和检察技术人员。这种基本分类一是为了应对检察组织人员的工作考评，二是有针对性地解决检察辅助人员的数量短缺问题。在《关于深化检察改革的意见（2013—2017 年工作规划）》中，最高人民检察院明确提出了检察人员管理制度的改革措施，不仅对检察组织人员实行分类管理，而且完善了检察官的任职机制。2014 年开始实行检察官员额制改革，2018 年 3 月在全国推行。① 中肯地说，检察官员额制的改革明显改善了检察组织人员的结构，使之更加合理化和规范化，但这并未改变检察辅助人员数量之短缺的事实。检察辅助人员中检察官助理、书记员在少部分地区有转为员额制检察官的可能，但司法警察和检察技术人员则可能性较低。根据检察体制改革方案，检察官、检察辅助人员、检察行政人员的预设比例为 39%、46%、15%。当前需要做的工作：一是允许跨界转任，二是将辅助人员进行专业化和一般事务之区分，三是授权部分非检察官独立办理能力，四是提升助理检察官之地位。②

三、检察运行程序的困境

通常我们将检察权运行程序视为检察职能之具体实现方式，因而检察程序大致能分为三种：一是在刑事诉讼中的诉讼程序；二是在行政诉讼和民事诉讼中的监督程序；三是其他的执法监督程序。虽然检察院组织法在 2018 年修订之后，检察程序得到了极大优化，但目前在这三个方面仍然急需完善。

第一，在刑事诉讼中的诉讼阶段程序方面，这里的公诉包括了侦控程序和出庭支持公诉的程序。侦控程序的问题主要表现在检警关系方面。目前，中国的检警关系重点在侦查程序合法性的检察监督上，公安部门依法在刑事案件中享有广泛的侦查权，包括案件的调查权、限制人身自由等强制措施的采取权等。由于公安机关在行使侦查权中仍然有可能侵犯犯罪嫌

---

① 检察人员分类管理制度改革的三个阶段为：改革筹备阶段（1999—2003 年）、改革试点阶段（2004—2006 年）和改革推进阶段（2007—2013 年）。参见张庆立：《检察人员分类管理制度改革探析》，载《上海政法学院学报（法治论丛）》2014 年第 4 期。

② 廖慧兰等：《检察辅助人员管理制度的完善建议》，载《人民检察》2017 年第 7 期。

疑人或其他公民之合法权利，因而国内学者多主张强化检察机关对公安机关之侦查权的限制与监督，甚至可以提前介入侦查，发表办案的意见和建议，① 至于是否实现"检警一体化"，或者应否建立符合中国实际的强制性侦查行为司法审查和令状许可制度，则有待于学界更深入的研究能否提供足够的理论支持和指导。2010 年，最高人民检察院出台了《关于刑事立案监督有关问题的规定（试行）》更加规范了刑事案件中的侦查监督和立案监督。② 从长远来看，这一方面的问题依然很多。

第二，在检察机关对行政诉讼、民事诉讼的监督方面，在实践中，检察机关的这一监督职能实际上是法律监督机关性质的重要体现，主要表现为对生效裁判、调解书提出抗诉或再审建议、对审判中的违法情形提出检察建议等内容。近年来，检察机关在行政诉讼、民事诉讼及判决执行方面的监督效果显著，③ 但这种监督的背后也存在滥用的可能。检察机关、审判机关、公安机关各自享有相应的宪法地位，这种地位应当是并列而非具有制约性质的监督关系。如果说检察监督在刑事诉讼中是必要的话，那么在民事、行政诉讼领域检察机关的监督权已经让三者的地位变得有所差别，这一困境是由于对检察机关到底是公诉机关还是法律监督机关的定位不明造成的。

第三，在其他的执法监督程序方面，这种检察监督权力直接来自检察机关的一般监督权。从 1954 年检察院组织法到 1979 年检察院组织法再到 2018 年检察院组织法的修订，我们可以清楚地看到，检察机关的一般监督权范围在缩小，从普通的守法、执法监督缩减到判决执行的监督。根据检察院组织法第 20 条的规定，检察机关的执法监督权缩小到第 6 项、第 7 项，但在第 21 条中仍然以概括的形式规定了检察院抗诉、纠正意见、检察建议的权力。实际上，除抗诉主要用于刑事司法领域之外，纠正意见、检

---

① 刘计划：《检警一体化模式再解读》，载《法学研究》2013 年第 6 期。

② 有学者总结，我国检察侦查监督的特征为：以内部监督制约为主，以外部监督制约为辅；以监督为主，以制约为辅。参见吴常青：《检察侦查权监督制约机制研究》，法律出版社 2017 年版。

③ 对认为确有错误的民事行政生效裁判、调解书提出抗诉 2 万余件、再审检察建议 2.4 万件。对审判程序中的违法情形提出检察建议 8.3 万件，对民事执行活动提出检察建议 12.4 万件。针对民间借贷、企业破产、房屋买卖、驰名商标认定等领域，为谋取不正当利益打"假官司"问题，开展虚假诉讼专项监督。重点监督"规模性造假"和中介服务机构"居间造假"。2016 年以来共向人民法院提出抗诉或再审检察建议 3877 件，对构成犯罪的起诉 452 人。参见曹建明：《最高人民检察院工作报告》，载《检察日报》2018 年 3 月 10 日。

察建议的权力仍然值得关注。①

四、检察监督体制的困境

正如《2018 年最高人民检察院工作报告》中所言：我们（应）牢固树立监督者更要接受监督的理念，确保检察权始终在法治轨道上公正行使。如前所述，笔者也分析过检察监督有内部与外部之分，内部监督在于保障检察权依法独立行使，外部监督在于保障检察权有所制约。目前的外部监督方式：人大监督，民主党派监督，监察监督，审判机关、公安机关的制约监督及人民群众监督，构建了一个全方位比较立体的监督网络。但是也应当注意，人大监督更多是一种政治上的监督，缺乏业务监督和个案监督的明确性。民主党派监督也倾向于对检察工作的整体监督，人民群众监督缺乏专业知识指导，而审判机关和公安机关的制约监督力量，由于存在着分工合作的机制，因而监督效力也并不强。

监督体制的困境直接来源于检察权定位的困境，对检察权的权威定位体现在中国宪法及检察院组织法中。这两部法律明确了检察权是一种法律监督权，检察机关是国家法律监督机关，这一界定原本是沿袭苏联检察机关的性质，这其中存在两个问题：其一，中国检察机关能否沿袭苏联检察机关的性质？其二，中国的检察机关是否是纯粹的法律监督机关？在第三章中，我们详细阐述了苏联检察体制的历史沿革及其改革实践。显然，当代中国检察体制在建立之初与苏联的情形并不完全相同。苏联的做法是赋予检察机关一般监督权，这种一般监督权承接了列宁的检察指导思想，主要强调对法律执行的监督及不执行法律的行为的处罚。② 在具体实施中，由检察长代表国家对一切机关、社会团体、企业组织、个人之行为是否合法实行监督。苏联的检察体制设置之观念乃是与苏联建国之初肃反的严峻形势相适应的，当时苏联对外刚结束卫国战争，内部面临着颠覆政权的封建反动势力，因而检察机关作为专政工具的一面得到了强化。新中国建立初期面临的形势并不相同，新政治协商会议实现了最大限度的国内进步阶级的联合，人民民主专政的政体中统一战线的优越性得到极大发挥，赋予检察机关一般监督权，并将其设置于国家权力机关之下的做法并不可行，

---

① 吕涛：《检察建议的法理分析》，载《法学论坛》2010 年第 2 期。
② 谢鹏程、任文松：《苏联检察制度对我国的影响》，载《河北法学》2010 年第 7 期。

这也决定了新中国的检察机关与审判机关逐渐分立并行，具有鲜明的司法机关特色。

中国的检察机关也并非纯粹的法律监督机关。法律监督机关最重要的职能在于对各种诉讼活动和执法行为进行合法性监督，但是从检察院组织法等规定可以看出，中国检察机关尽管在法律上被界定为"法律监督机关"，但在具体职能上仍然保留了诸多诉讼机关应当具备的职能。比如，检察院组织法第 20 条的第 1 项至第 4 项涉及诉讼权，而第 5 项至第 7 项涉及法律监督权。[1] 其中，第 5 项是对诉讼活动的监督，第 6 项是对生效法律文书的执行的监督，第 7 项是对监所执行的监督。显然，中国的检察机关职能是法律监督与诉讼的结合体。革命根据地时期自不必说，单说新中国成立至今，检察职能的变迁史已经清楚地表明：检察机关的一般监督权在逐渐减少，而诉讼权的司法属性在不断强化，检察机关的定位基本上是司法机关。这一判断，无论从理论，还是从实践上，都是检察体制改革必须面对的事实。[2]

以上两个问题实际上昭示着当代检察权定位的困境，拥有法律监督权的检察机关，如何平衡与把握与被监督机关之间的关系，这是摆放在检察机关面前的首要难题。中国的国家机构体系设置采用监督原则，人民检察院由人大选举产生，对人大负责并报告工作，它的产生方式、组成方式与行政机关、审判机关、监察机关相似，但它要行使法律监督权又必然要求其地位应当高于其他机关，但实践中显然并非如此，如何既能保障法律监督权的有效行使，又能保证人大产生的各机关平行合理行使职权，双赢、多赢、共赢理念在实践中如何落实值得仔细研究。

五、检察保障体制的困境

在检察保障制度方面，检察体制所面临的困难主要是基础设施、技术装备和人员保障三个方面的经费支出问题。由于检察体制改革的结果，许多地方检察机关在财政管理上直接由省级财政部门单独进行预算，这种做

---

① 张小玲：《检察机关变更公诉制度初探》载《人民检察》2006 年第 11 期。

② 最高检察院发布的检务解释被称为"司法解释"便为明证。最高检察院副检察长孙谦总结了最高检察院司法解释的基本特征：对象上只限于检察工作中具体应用法律问题；内容上侧重于刑事法和程序法；本质上体现了法律监督属性。参见孙谦：《最高人民检察院司法解释研究》，载孙谦主编《检察论丛》（第 21 卷），法律出版社 2016 年版。

法当然缓解了部分检察机关经费保障的问题，但在区县级基层检察院层面上的预算仍然缺乏足够的支持。在不少基层地区，检察机关的基础设施过于老旧，办公条件也比较简单。当前技术手段的更新迭代，检察工作也面临向高科技化、智能化要生产力的问题，这一切的前提是足够的经费保障。正如前文所言，基层检察院在技术更新上容易受到地方财政状况的影响。除此之外，人员保障也是一个值得关注的问题。有基层检察人员反映检察官的身份得不到保障，正常履职和人身安全受到不正当的干预。[①] 另外，检察组织人员的薪酬制度、培训制度、晋升奖惩制度、退休制度等都需要强有力的制度保障，尽管这些制度有着明确的法律依据，但离真正落实仍然有很大距离。

检察权作为一种权力形态，取得独立的权力地位并设立相应的权力组织予以行使，乃是晚近民族国家的政治行为。[②] 换言之，在近代之前，中国并没有近现代意义上的检察体制，从清末到北洋时期，再到国民党时期，中国的检察体制从权力范围、组织设置、人员结构、领导体制等内容都在不断地改革与充实，包括新民主主义革命时期中国共产党在革命根据地和解放区对检察体制的宝贵探索。当然，由于政权的性质不同，所处时代背景各异，总体来说，检察体制的制度化、规范化也逐渐增强。直至1949 年新中国成立，建立了以人民性为基础，专业化、规范化、制度化的革命政权的检察体制。

现阶段的检察体制直接来源于新中国成立之初对苏联社会主义检察体制的借鉴。无论从检察权的性质界定，还是检察机关、检察组织人员的设置，新中国的检察体制体现了明显的社会主义色彩。社会主义改革完成之后，中国的法治建设，尤其是检察工作受到了一定的干扰、冲击。当前的检察体制主要得益于改革开放后检察体制的重建。[③] 这一时期，在政治上、法律上和制度上，检察体制的建设都有颇多显著成果。进入新时代之后，围绕着司法公平正义的历史使命，检察体制改革也进入新时代，新时代需要厘清两个重要问题。首先是现阶段检察体制改革的现实形势，其次是现

---

① 有研究者已经指出过该问题，参见高丽蓉、姜昕：《检察官身份保障制度之完善》，载《人民检察》2011 年第 6 期。

② 曹呈宏：《分权制衡中的检察权定位》，载《人民检察》2002 年第 11 期。

③ 田夫：《依法独立行使检察权制度的宪法涵义——兼论重建检察机关垂直领导制》，载《法制与社会发展》2015 年第 2 期。

阶段检察体制改革之历史使命。现实形势业已明显，即改革开放事业进入中国特色社会主义新时代，社会主要矛盾发生变化；中国特色社会主义法律体系逐渐完备，司法体制改革工作走向高潮；当前正积极推行党和国家机构改革，监察委员会的建立和职能扩展，这三个现实形势深刻地塑造了当前检察体制改革的格局。现阶段检察体制改革的历史使命在于强化检察机关的宪法地位、明确检察机关的司法角色、改革检察职能履行机制。

当然，检察体制改革并非一蹴而就。至少就目前的情形来看，中国检察体制改革面临多方面的困境。在检察权的定位、检察领导体制的改革、检察组织人员、检察程序、检察监督及保障制度等诸多方面都面临着难题。这些难题，有的是检察权本身附带的普遍问题，有的是中国检察体制所独有的。从最高人民检察院正在推行的改革来看，许多问题的解决已经呈现出积极性的一面，在习近平新时代中国特色社会主义思想的指引下，我们应当坚持司法的公平正义，将检察体制改革与党和国家机构改革有机结合起来，更好地推进社会主义法治的完善。[①]

综上所述，检察体制改革面临的问题可以归纳为权力定位、领导体制、组织体制、运行程序、监督体制和保障体制等方面的困境。对于这些问题，目前的检察体制改革已经关注到并采取了部分针对性的措施，但是还需要进一步深化改革逐步加以解决。在笔者看来，伴随着检察体制改革需要时刻面对的问题总结起来大概有五点：一是要在改革过程中强化思想政治教育工作，增强人民群众的认同感、获得感；二是要将已经部署的各项改革措施全面落实到位；三是要特别关注改革的整体性、协调性、系统性，一体跟进相关配套措施；四是要大力推进大数据检察建设力度，向信息化要战斗力；五是要增强运用改革创新办法破解难题的意识和能力，摒弃"等靠要"思想。

---

① 朱良平：《努力为人民提供更多高质量的司法服务——全面做好新时代检察工作》，载《人民论坛》2018 年第 3 期。

第四章
域外检察体制改革的实践与启示

　　近现代检察体制是西方资产阶级革命的产物，英国历史学家霍布斯鲍姆将近代西方资产阶级革命与工业革命称为"双元革命"，在"双元革命"过程中，关于法律体系与法制建设大体形成了两大法系：① 大陆法系与海洋法系。大陆法系也被称为罗马法—日耳曼法系，是指欧陆国家，主要是法国、德国等以古罗马法为基础形成的一个具有世界范围影响的法律传统体系。其主要特征有：第一，强调成文法的重要作用，并在成文法的基础上构建国家整体的法律体系；第二，重视法律的法典化，并以成文法典作为案件审判之依据，强调"罪刑法定"；第三，法官仅仅是法律的效忠者和执行者，不能以法官个人意志独立对法律进行解释；第四，权力制衡，且主要靠议会和政府之间的角力实现权力平衡。海洋法系又被称为英美法系，主要以英国、美国等国家的法律传统体系为代表，其主要特征有：第一，强调判例作为法律渊源与效力来源的重要性；第二，强调法律传统的传承，注重衡平法的审理；第三，注重程序法的作用，强调法律正当程序的意义；第四，依靠司法人员的经验，司法体系具有一定的保守性。

　　两大法系的检察体制各有其渊源，发展进程各异，形成了各具特色的检察体制。两大法系的检察体制尽管存在较大差异，但在法治的基本精神指引下，已经有逐渐融合及相互学习之趋势。除了两大法系之外，二战之后，苏联在对大陆法系予以继承和改造的基础上，形成了具有社会主义特色的体制及法律体系，我们称之为社会主义法系。中国自清末建立现代意

---

　　① 法系是指关于法的性质，法在社会和政治中的地位，法律制度的事实及其相应的机构，法律的制定、适用、研究、完善和教育的方法等一整套根深蒂固的并为历史条件所限制的理论。法系与文化相勾连，而法系又是文化的一部分。法系应当被置于文化的视野加以考察。参见［美］约翰·亨利·梅利曼：《大陆法系》，顾培东等译，法律出版社2004年版。苏俄检察体制作为特殊的时代产物，并非西方资产阶级直接的产物，因而与两大法系不同，下文单独论述。

义的检察制度以来，就深受大陆法系的影响。中华人民共和国成立后，我们又全面借鉴了苏联的检察制度，此外，因我国港澳特别行政区、台湾地区的检察体制与内地、大陆不同，也有自己的特色。故笔者尝试通过对大陆法系国家、苏联社会主义法系、我国港澳台地区检察体制改革实践的探察，进行比较研究，进而总结其改革实践的特点及经验，并获得可贵的启示。

第一节 大陆法系：代表性国家的检察体制及其特点

13 世纪的法国是大陆法系国家检察体制的起源地，当时的国王路易九世力推司法体制改革，将各大领主之司法管辖权置于国王法院之下，凡是与王室相关及财产罚没之诉讼，都不能以私人名义起诉，只能由国王代理人代为起诉，并授予国王代理人监督地方官员之权。[1] 14 世纪初，法国部分地方领主业已开始使用"检察官"来将违法犯罪者诉至王室法院，以维护其在征集税收上之利益。14 世纪中叶，法国国王正式颁布法令，赋予地方检察官以公诉职能，使之独立于私人诉讼，这种专门从事控诉之责的机关便被称为"检察院"。[2] 在 1808 年的《重罪治理法典》中，检察院获得了主动追诉之权，现代检察体制崭露雏形，[3] 之后欧陆诸如德国、俄罗斯、意大利等国家也在其自身的法律传统基础之上，相继采纳了法国模式的检察体制，形成了今日的大陆法系检察体制。

结合历史文化因素，大陆法系检察体制创设的宗旨在于：一是改变了以往纠问式的诉讼模式，实行（侦）控、审分离的职权分立模式；二是独立的检察体制有助于控制警察权的扩张，通过严格的法律训练和法律的约束让警察行为规范化；三是让法律意志客观化，发展固定而稳定的刑事诉

---

① ［法］雅克·勒高夫：《圣路易》（下），许明龙译，商务印书馆 2011 年版。

② "逮一千三百年之中叶，代理人制度复蔓延于法国全部，乃使参与诉讼。特于有关刑事案件等，得不由被害人之起诉，于一定情形之情形，使为国家之机关，行后世检察官类似之职务，遂成惯例。"参见 ［日］冈田朝太郎等：《检察制度》，陈颐点校，蒋士宜编译，中国政法大学出版社 2002 年版。

③ 关于法国检察体制与主权变迁之关系。参见杜苏：《主权进程的司法支点——法国近代检察体制起源略考》，载《湘江法律评论》2017 年第 1 期。

讼程序，在定位上主张国家权力至上。以此不难看出，大陆法系之检察体制中，检察机关与当事人之间的地位是隶属关系，而非对等关系。在这种关系中，检察机关通过追诉刑事犯罪来实现维护社会正义、稳定社会秩序之责。[①] 以国家权力至上为宗旨，意味着检察机关享有广泛的侦查权与公诉权，相应地缩减了检察机关及检察官的自由裁量权。由于法国、德国、日本发达的成文法传统，检察机关的组织体系及相应的职官管理制度相当严格。

尽管大陆法系检察体制的创设是历史性的，表现为 1808 年《重罪治理法典》中确立的经典检察体制，但其内容仍然在不断发生变化。尤其在 20 世纪中叶之后，在检察机关的设置、检察官之任职和任免、检察领导体制上，大陆法系国家都进行过相关的改革。以下试详述之。

一、偏重行政模式：法国检察体制概况

自从 1958 年宪法颁布之后，法国的检察体制在不断地改革。法国检察体制具有二元性，是行政性和司法性的有机结合。行政性方面，检察机关权力构造呈现了一种垂直管理的体制，检察机关的首长是行政系统的司法总长，上级检察官有权命令与指示下级检察官，这种垂直的领导关系，是典型的行政关系。司法性方面，检察机关保持着一定程度的独立性，在参与刑事诉讼程序中始终与国家权力机关及行政机关保持一定距离，并具有一定的法律监督性质。[②] 具体而言，主要是以下五个方面。

（一）检察权配置

法国的检察机关设立于法院之中，但这并不意味着检察机关从属于法院系统。检察机关与法院实行二元领导机制，检察机关的领导为司法部部长，法院系统的负责人则为法院院长，因而检察机关是独立于法院的，检察官与法官也互不统属。检察机关在刑事诉讼程序中享有广泛的司法权力。一是指挥侦查权。在法国检察体制中，侦诉一体、检警一体，检察机

---

① 有论者指出，欧陆检察制度肇始于中世纪宗教裁判或宗教迫害，背负着检审不分、秘密审判和刑讯逼供的恶劣基因。参见黎敏：《西欧刑事司法的两种传统与晚近变迁——一个比较司法史的视角》，载陈兴良：《刑事法评论》（第 20 卷），北京大学出版社 2007 年版。

② 根据法国 1958 年宪法第 66 条之规定，检察官及法官都属于司法机关，是"个人自由的守护者"。

关能够有效地实现侦查、预审、起诉及上诉等一系列诉讼行为的衔接及协调。二是诉讼裁量及程序选择自主权。在裁量诉讼方面，法国检察机关有着较多的裁量权，为了提升刑事诉讼程序的效率，法国采取了起诉便宜主义，并先后引入强制治疗、刑事和解、庭前认罪答辩等程序，大大简化了诉讼程序。三是支持公诉。提起并支持公诉是法国检察机关的传统职权，相对于一般诉讼参与人，检察机关在刑事诉讼程序中享有更多的权力，如任何阶段查阅卷宗之权，向法院提出上诉之权。四是刑罚执行之权。在法院判决生效之后，检察机关有权监督刑罚的执行，诸如辖区内违法轻罪案件、青少年犯罪案件及重罪案件都由检察机关监督判决之执行，因而检察机关与相关的刑事司法机关联系比较密切。[1] 20 世纪 80 年代以来，检察机关的双重性质受到社会各界质疑，检察权是否应当独立开始受到争议。除了刑事诉讼程序之外，涉及地方政策和公共安全预防措施，检察权更类似于行政权而非司法权。从 2009 年开始，法国进行新一轮检察体制改革，缩小了预审法官的职权，甚至有报告主张要取消预审制。[2]

（二）检察程序设置

法国是大陆法系检察体制发源地，总体上检察程序，尤其在刑事诉讼领域的检察程序，并无较大改革。在刑事侦查领域，由于奉行"检警一体"的侦查程序机制，检察机关拥有主导和指挥警察进行侦查的权力，该领域的改革重点在塑造侦查、强制措施及调查程序上的监督权重构上。检察官在接到警方关于违法犯罪的报告后，有启动侦查的权力，也有将侦查中的部分工作，如调查，转给其他机构进行的权力。一旦有刑事犯罪案件发生，检察官有权勘查现场，采取强制措施，包括拘留，但这一权力在 20 世纪 80 年代之后已经丧失了，采取强制措施的权力目前由自由法官及羁押法官行使。

（三）检察领导体制

法国检察机关主要是作为司法机关而存在，也具有一定程度的行政机关性质。检察官是依法独立行使检察权，但受到检察长及上级检察机关的领导，"检察院变成了一个司法部长领导的官僚层级"。[3] 法国检察领导体

---

① 但萍：《简评法国检察机关的内设机构与办案模式》，载《中国检察官》2016 年第 10 期。
② 张永进：《法国检察官办案责任制及其启示》，载《人民检察》2017 年第 5 期。
③ 俞亮、张驰：《法国检察体制变革研究》，载《中国刑事法杂志》2009 年第 3 期。

制的变化，主要体现在检察机关的层级化特性与独立性特性的变动之中。首先在检察机关的层级化特性中，检察官需要服从所属上级检察机关之指令，这与完全依法独立行使的法官是不同的。根据法国刑事诉讼法第30条之规定，法国检察系统的最高领导人为司法部长。司法部长是政府行政部门的首长，可以代表政府在公诉政策制定上发挥作用，不仅有权发布有关公诉政策之一般性指令，也有权监督其实施，这种体制在很大程度上展现了检察机关对行政系统的依赖。据相关统计，法国司法部长发布一般性指令的数量自19世纪之后逐渐上升，范围也随着检察官权限的扩大而扩大。同时，为了防止个人不正义的发生，法律赋予司法部长对个案发布命令，指示检察长或下属检察官对个别案件直接追诉，或者司法部长自己在适当的时候直接向有权法院提起追诉请求。至于检察机关内部的层级关系，检察官的层级是与法院的层级对应设立的，上诉法院亦设立对应的检察长，作为检察官的上级，负责及协调相应的诉讼活动。

在当前的法国检察体制中，检察机关的独立性越来越弱。这主要表现为行政权挤压检察权的空间，对具体案件的个案干涉也有所增加，同时由于依赖于其他行政系统、立法系统及地方团体的作用，检察机关的独立性越来越难以保障。就内部而言，检察系统的层级结构也强化了自身的行政领导色彩，检察长直接领导检察官，检察官在具体案件中的独立性也被削弱，而检察长的控制也在增强。检察领导体制中的行政化程度大大加深，而作为司法机关的独立性与平等性则逐渐削弱。

（四）检察机关人员设置

法国检察机关在民商事法院中负有一定职责，会派一些特殊代表履行检察职责，普通行政法院系统中履行检察职责的工作人员由政府委派。在审计、财政预算等专门行政法院中无检察机关之设立，而在行业协会的纪律惩戒等设立的专门行政法院中，检察机关之职责由驻扎法院内部的检察官履行，但范围较窄。驻最高法院检察院并不从事实质性的公诉行为，而是要保证法国的法律解释与法律适用相匹配，符合立法精神之原理与要义。对于驻大审法院检察院，因大审法院是"轻罪法庭"，故驻大审法院检察院主要负责轻罪的公诉、当庭支持公诉及必要时参与大审法院的民事案件。

目前，法国检察机关人员之设置大致保持如前，但由于存在检察机关行政化程度加强而独立程度削弱之问题，为了不影响检察机关司法职能之发挥，法国主要着力于改善检察机关领导关系及检察官选任机制。司法部长不仅享有法律明确规定的对检察系统的指挥权，而且通过司法部获得了相应的财政拨款权及人事管理权。有鉴于此，法国学界对司法部长的权力主张予以限制，以切断刑事政策与行政权力之间的关系，削弱检察系统对行政系统的依附性。1993 年修订后的法国刑事诉讼法第 36 条剥夺了行政权对涉及黑金政治案件的干预权力，禁止司法部长对此类案件作出放弃追诉之指令。1997 年希拉克总统设立了一个专门委员会，专门研究司法体制改革问题，该委员会最终的建议是大幅度缩减司法部长之权力，仅仅保留查阅具体案件之权，2013 年，法国最终通过法律明确"司法部长不得在个案中发布任何指示"。对于检察官的选任制度，在目前的大陆法系国家中，检察官从普通公民中选举或由政府考试后予以任命并不少见，但法国检察机关内部的检察官基本上仍然是行政系统官员任命的，检察官很容易被认为是行政机关之公务员，而非司法机关。[①] 这种由政府任命的方式隐含着行政权干涉司法权的可能，也与欧盟人权委员会一贯推行的理念不符，因而受到了很多的抨击。短期来看，这种制度的影响并不明显，但长期来看，改革检察官选任机制至关重要。

（五）检察监督与保障

在不同的诉讼阶段，法国检察监督的内容有较大差异。刑事侦查阶段的监督，主要是对侦查程序的启动、司法警察对强制措施的采用、对轻罪案件的直接调查的监督。刑事判决执行监督，检察官有积极参与预审、调查、视察及向上报告之监督权。民事、行政诉讼案件中，检察机关可以通过强制介入和自愿介入两种方式参与民事诉讼监督；[②] 在行政诉讼中，行政法院的检察官由政府特派员充任，政府特派员没有等级之分，主要行使检察官的职权，提供中立的参考建议。在专门行政法院中设立的检察官履职范围远远小于普通法院。检察保障制度方面，现行的检察机关薪酬及退休待遇保障改革是从 2010 年开始的，该制度统一了全国的司法官薪酬体系，让检察机关的物质保障更加制度化。首先是对检察机关组织独立性进行保障。虽然法国检察机关是垂直设置的，但上下之间并不隶属。其次，

① 施鹏鹏：《法国检察改革最新走向及其启示》，载《人民检察》2016 年第 23 期。
② 胡晓霞：《法国民事检察制度及其启示》，载《人民检察》2013 年第 5 期。

检察机关经费由司法部划拨，不经过地方政府，因而能避免地方政府之行政干扰。检察官享有与法官同等的待遇，包括同等的薪酬待遇和退休待遇。根据现行规定，法国检察官退休之后，仍然能领到原有薪酬的百分之七十五到百分之八十，具体情况以职业贡献与履历而定，退休金由中央财政予以保障。①

二、偏重司法模式：德国检察体制概况

德国在 19 世纪中叶引入了法国的检察体制之后，经过不断的改革与完善，逐渐形成了极具德国特色的检察体制。② 尤其是 20 世纪中叶之后的国家重建，德国根据大陆法系的法制传统对法国模式的检察权及体制进行了重新定位，其中的改革实践值得详细探讨。

（一）检察权配置

19 世纪 70 年代，德意志帝国颁布了刑事诉讼法及法院组织法等法律，对近现代意义上的检察权进行了界定。德国检察机关的宗旨：一是废除传统的纠问式诉讼，实现诉讼上的权力分立；二是以规范化的检察权约束警察权；三是检察权作为客观法益的代言人与守护者。德国检察权的配置建立在现行宪制的基础之上，因德国联邦和地方并不存在直接的隶属关系，故在联邦和地方设置的检察机关也并不隶属。德国联邦检察院与各州检察院，州内地方各级检察院之间都互不统属。德国的检察权运行主要体现在刑事诉讼相关活动中，具体为：一是控制并指挥警察侦查权的行使。二是公诉上的自由裁量权。德国对检察机关的定位要求检察权的行使必须遵守客观公正之义务，保护犯罪嫌疑人、被告免受刑事滥权及司法冤纵。三是监督刑事判决的执行。

（二）检察程序

德国的检察程序具有大陆法系国家的一般性特征，但近年来，德国在刑事诉讼程序上有不少改革的举措。总结起来，大致包括三个方面。一是公诉程序加速，引入起诉便宜主义。德国有着典型的"起诉法定主义"传统，但是现行德国刑事诉讼法在第 153 条规定了轻罪的不起诉主义，在特

---

① 余睿：《法国检察保障制度简介》，载《中国检察官》2016 年第 15 期。
② 程德文：《德国检察官在刑事诉讼中的作用》，载《国家检察官学院学报》2006 年第 4 期。

定案件中，被追诉人在作出一定经济赔偿的条件下，检察官有权终止追诉程序。二是增加检察官对抗新型犯罪之权。近几十年来，德国根据社会经济形势的发展，对经济型犯罪、环境破坏型犯罪、恐怖主义犯罪等犯罪行为出台了新的立法，扩大了检察官对此类案件的介入权。三是区分了证据禁止制度中的取得禁止和使用禁止。取得禁止，是指证据的取得的手段违法，属于非法证据；使用禁止，是指证据可以进入诉讼程序，是否采用和认定需要由法庭来决定。在德国刑事法的基本原则指引下，近年来德国加强了对被告人权益的保护。以再审程序为例，对再审的申请范围、申请的时间、申请的程序及申请的方式，德国都有明确而具体的规定，无论是对再审申请人有利或不利的再审申请，以及再审无罪判决的公开宣告，决定权都在检察机关。①

（三）检察领导体制

大致来说，德国检察机关与法院系统在案件的类型及管辖范围上是一致的。联邦总检察院的层级最高，但联邦检察系统和州检察系统是相互独立的，州总检察院和州检察院并不受联邦总检察院之领导。根据相关规定，与恐怖主义相关的诉讼、涉及联邦利益之案件，由总检察长负责处理。德国检察系统实行"检警一体"的侦查体制，检察院领导司法警察的工作，而司法部长对检察工作的指导是政策性非业务性的。在检察体制内部，上级检察官领导下级检察官，检察长领导各级检察官。一般来说，检察长和检察官在办案中会尽可能取得一致意见，如果意见相左，虽然检察权有案件接管的权利和转移办案的权利，但现实中很少行使。②

（四）检察机关人员配置

21 世纪起，德国检察官有五千多人，司法警察有 23 万多人，③州一级检察院设置了准检察官，主要是负责轻微刑事案件，但性质上是检察官序列之外的公务员。德国检察官的资格要求比较高，检察官必须是从大学的法学院毕业，然后参加两次司法考试，第一次是在大学毕业之后，第二次是在实务部门实习至少两年之后。前者的内容侧重于法学理论，后者侧重

---

① 黄礼登：《德国检察机关在刑事程序中出席法庭的功能定位探析——以中国检察机关"支持公诉"为问题起点》，载《公民与法》（法学版）2011 年第 8 期。
② 邵辉：《"检察一体"：基于历史维度的分析》，载《人大法律评论》2013 年第 1 期。
③ 冉云梅：《德国检察制度一瞥》，载《人民检察》2004 年第 6 期。

于法律实务。州检察官由州司法部负责选任，普通检察官的晋升由司法部决定，检察长、副检察长或高级检察官则进行公开选拔。上级检察院的检察官从下级检察院选任，检察官任职实行终身制，非因法定事由并通过法定程序不受罢免。

（五）检察监督及保障

德国检察监督存在诉讼程序的各个方面，由于选拔机制的严格，检察官在履职过程中基本上都能实现客观公正之监督。[1] 就检察官自身的监督而言，德国公务员法规定了检察官任职前的伦理教育，如果实务中出现了对检察官和高级检察官的投诉，司法部的处理是不一样的。以州检察院为例，如果发生对州检察官之投诉，州的司法部会将投诉转至州检察院调查处理，如果是对州高级检察官之投诉，则州司法部会自己派遣人员进行调查处理。处理的过程必须有调查证据和程序，处分由轻至重有多种，如检查、罚款、降级降职等。如果被处罚人有异议，则可以起诉至法院。如果检察官因刑事犯罪而被判决一年以上刑期，司法部门有权决定其是否继续任职。

三、多元融合模式：日本检察体制概况

日本检察体制源自明治维新改革，迄今已经 150 余年。由于时代变迁，尤其是战争的塑造，日本的检察体制先后融合了法国、德国和美国的法律体系的色彩。1872 年，明治维新初期的日本引入法国的近代检察体制，设置了"知事"一职，大致相当于旧时的"弹正台"。1882 年，日本颁布了治罪法，对之前的法律体系进行了改革，提出国家追诉主义，以及审前可以收集证据的规则。1890 年，日本颁布刑事诉讼法，同时颁布了由德国专家鲁道夫参与拟定的裁判所构成法，规定将检事局设在裁判所，建立了审检合署的体制。二战之后，在美国的主导下，日本建立了三权分立的宪法体制，实现了立法权、行政权与司法权的分立，并相继在 1947 年和 1948 年颁布了检察厅法、刑事诉讼法，将裁判所与检察厅分离，建立了审检分离的体制。日本在体制自我完善的前提之上，通过学习英美国家体制，在 1948 年 7 月颁布了检察审查会法，形成了比较

---

① 吕青：《中德检察官职业准入制度之比较及借鉴》，载《中国检察官》2006 年第 7 期。

完善的检察体制，确立了检察审查会制度。后续虽然有一些改革，但总体框架并未有较大变动。

（一）检察权配置

日本的检察体制兼具法国、德国和美国的因素，在现行法律体制下，检察权的设置有狭义和广义之分。狭义上的检察权仅适用于刑事案件而言，主要包括提起公诉、请求法院正确适用法律、监督案件判决执行、对犯罪活动进行侦查起诉。① 广义的检察权则超出了刑事范围，体现在日本检察厅法第 4 条及第 6 条所规定的检察事务的权限，主要包括刑事案件中的公诉权、对法院诉讼活动的监督权、作为公益诉讼代表人参与的诉讼、对所有犯罪活动的侦查起诉权。1948 年日本颁布了少年法，将青少年刑事犯罪的处理从"刑事处分优先"转变为"保护处分优先"。根据该法规定，无论青少年犯罪活动的程度如何，原则上都应当先移送家庭法院，在家庭法院决定的基础上，检察院再决定是否适用公诉程序，这一做法基本上剥夺了检察官的起诉裁量权，而赋予家庭法院受理案件的优先权。②

（二）检察程序设置

日本在 20 世纪 40 年代对检察制度进行了创新，但旧制度的废除却带来了新的问题，法官的权力受到削弱，检察官对案件的影响力变强，于是如何控权就成了一个需要考虑的新问题，③ 检察审查会制度的出现正当其时。从现在的眼光看，检察审查会是二战之后日本司法权重新构造的产物，是对起诉裁量主义下的被害人的救济制度，也是司法民主化的一种进步形式。

日本的检察程序设置中，检察权与侦查权的关系也值得关注。基于日本检察官的侦查权，检察官与司法警察人员在犯罪侦查关系上有以下特点：一是检察官和司法警察的职权相互独立，一般是相互协作关系；二是司法警察的侦查是初次侦查，检察官的侦查是二次侦查。根据日本刑事诉讼法的规定，司法警察原则上对案件和证据享有侦查权，检察官只有在认

---

① 刘兰秋：《日本检察制度简介（下）》，载《国家检察官学院学报》2006 年第 6 期。

② 刘仁海、周舟：《日本少年检察制度及其对我国的启示》，载《青少年犯罪问题》2016 年第 3 期。

③ 丁相顺：《日本检察审查会制度的理念、实施与改革》，载《国家检察官学院学报》2005 年第 3 期。

为必要时才可以自行侦查犯罪。为了加强侦查检事的重要地位，日本在东京和大阪等地设立了特搜部，对重大涉嫌职务犯罪案件进行侦查起诉。有学者指出，为了维护刑事审判的权威和国民的利益，日本形成了起诉侦查合一的格局。①

（三）检察领导体制

根据日本检察厅法第 3 条之规定，检察官品类分为总检察长、副总检察长、检察长、检事和副检事，检察官享有法定检察权限，检事在执行检务中享有独立的代表地位，并不作为上级检察官的助手而存在。各检察长享有特殊地位，检察长的选任由内阁负责，并由天皇认证。根据相关规定，检察官的级别有明确的划分，认证官和地方检察厅的检事的级别相同，为一级检察官；一般检事和副检事则同属于下一级的二级检察官。日本检察厅法对各级长官作出了明确的分工，最高检察厅总检察长享有检察厅的最高职权，负责管理本厅大小事项，并对本厅职员提出意见建议，特定条件下，副总检察长能辅助总检察长工作。在这样的领导体制之下，检察长对检察事务直接负责，即检察官同一体原则。这一原则体现在检察系统内部的上级指挥权、监督权、职务调取权、转移权、一级职务代理权。这些分别规定在日本检察厅法第 7 条至第 10 条，第 12 条，第 11 条至第 13 条。至于总检察长秘书官、检察事务官和检察技官的具体职权，见日本检察厅法第 26 条至第 28 条，在很大程度上是辅助性的职位。②

（四）检察组织设置

日本检察厅内部的职能分配、管理范围、适用条件等诸多方面的规定，与法院有相似之处。地方检察厅与都道府县的政府一一对应设置，数量在 50 个左右，区检察厅为 400 多个。2005 年，日本修订了《地方检察厅设置规则》，全国范围设立地方检察厅支部，数量大概为 200 个。检察组织之间有着严格的隶属关系，最高检察厅管辖最高检察厅级别以下所有检察厅，高等检察厅管辖高等检察厅级别以下所有检察厅。

检察厅属于日本政府体制的构成部分，隶属于法务省管理。检察厅根据等级及管辖的不同，内部机构设置也有很大区别。仅以东京的地方检察

---

① 李哲宇：《日本的检察制度与侦查结构》，载《法制与社会发展》1998 年第 6 期。
② 彭东：《日本的检察机构和检察官》，载《人民检察》1996 年第 2 期。

厅作为例，内设总务部、公安部、特搜部、交通部等科室。根据日本检察厅法规定，法务省有权监督检察厅的一般行政性工作，但具体的检务工作则听从总检察长指挥。①

（五）检察监督保障

日本检察厅法规定了检察官职业资格严格的特殊条件，级别较高的检察长等职务必须经过内阁和天皇的任命，较低等级的检察官需要检察官资格审查委员会任命。基于检察官的特殊身份，日本规定检察职业人员的退休年龄为63岁，超过一般公务员的60岁。检察官的罢免权归于检察官资格审查委员会，保障了检察官的公正执行。在薪酬待遇上，日本检察官工资法规定其薪酬待遇高于一般公务员的百分之三十，检察官的生活保持在较高的水平，以保障检察官独立进行检务工作。检察官的调动和晋升一般都按照其工作年限和资历，且晋升比较看重实务经验。② 与法官、司法警察一样，检察官不被允许成为政党成员，以维护检察系统的政治稳定。

四、大陆法系代表性国家检察体制的特点

法国、德国、日本是大陆法系国家的典型代表，三国的检察体制改革实践，代表了大陆法系国家对检察体制改革的实践探索，大陆法系在检察权定位、检察程序、检察领导体制、检察监督及保障制度等方面，有着不同于英美法系的特点，这些特点经历过改革之后，有的愈加明显，有的反而削弱。③

（一）检察权范围有扩大的趋势

追诉刑事犯罪是各国检察机关的主要职责，所以检察权的适用多在刑事诉讼之中，随着时代的发展，对公共利益的保护在国家的刑事政策目标中占据越来越重要的地位，检察官参与刑事司法过程的角色也变得更加重要。检察官不仅常常受邀参加政府的刑事司法政策之制定，而且经常被要求向有关部门提供法律意见和法律协作。

---

① 童建明、熊少敏、张巍：《日本检察人员管理的主要特点》，载《人民检察》2004年第2期。
② 宋高初：《日本检察官职权行使制约机制研究》，载《法学评论》2003年第3期。
③ 周理松：《法国、德国检察制度的主要特点及其借鉴》，载《人民检察》2003年第4期。

（二）强化检察官职权之独立性

在刑事诉讼程序中，检察机关体现出较多的司法机关特征，但是在检察机关内部及外部领导及工作体制上，检察机关体现出较多行政机关的特征，或至少是对行政机关之依附，这种依附性，在理论上和实践上都有妨碍检察官依法独立履职的嫌疑。比如，司法部长对总检察长的领导之权，司法部长对个案发布指示之权等。随着权力分立观念的普及，法国和德国都在考虑缩减检察机关对行政机关之依附，强化检察官独立履职之保障。

（三）强化"检警一体"的侦查机制

在法国、德国和日本的法律规定中，检察机关掌握着侦查环节的主要权力，在审前享有绝对的领导地位，对有关机关及其工作起着监督作用，即"检警一体"侦查机制。该机制的主要特征是，司法警察在发现违法犯罪事实后，有向检察官报告的义务；而检察官会发布指示，并有权要求司法警察主动对案件发起侦查，特别是德国检察官对侦查阶段的影响力较大，没有明显的权力限制。

（四）改善检察保障制度

为了保障检察业务的高水平开展，法国、德国、日本等大陆法系国家纷纷进行各种改革以改善对检察体制的保障。首先，也是最重要的，提升检察官的任职资格限制。这其中既包括对检察官法律素养的考察，也包括对检察官理论学习和实务技能的要求；同时，除了任职和晋升之外，每隔一段时期，法国、德国、日本三国的检察官就要接受培训，学习新的法律法规，以保证业务水平与时俱进。其次，大陆法系国家出台措施保障检察官的薪酬和退休待遇，办案经费由国家财政负担，不仅让检察官的待遇获得了提升，从物质和精神上给予了检察官足够的保障，也使检察官能够专心办案，不受外部环境的影响。再次，法国、德国、日本以优良的法治环境为检察官履职提供了外部法制环境。从三国的改革情况来看，针对检察业务易受行政权干扰的特点，不断地缩减司法部长的权力。

对中国而言，虽然与法国、德国、日本等大陆法系国家政治体制有诸多不同，但从检察体制改革而言，大陆法系国家的检察体系建设是法典化的建设思路，且上述大陆法系国家较早地开展了检察体制改革的探索以适应现阶段经济社会发展的需求，拥有大量的实践经验。在建设法治国家精神内核相同的背景下，无论上述大陆法系国家检察体制改革的内容还是改革实践程序都有很大的借鉴意义。当然，不同国家之间亦有其国情和历史特点，在向上述大陆法系国家检察体制改革学习时也应有所甄别，切忌照搬照抄。

首先，就检察权配置而言，大陆法系国家多采取法检分离模式，但在具体的权力划分上亦有细微差别。就检察官是否享有一定的司法决定权，各国在其检察体制改革中也有所变化。笔者认为，在当前经济社会条件下，应当考虑不断强化检察机关对涉及人身自由与财产等刑事强制措施、强制侦查行为的决定权，切实保障检察机关对刑事诉讼程序的调控把关作用，从而落实尊重和保障人权的宪法原则。

其次，就检察机关的独立性而言，在中国政治体制框架下，现阶段的目标仍然是追求增强检察机关依法行使职权的独立性，并通过完善落实相关制度机制等方式保障检察官依法独行行使检察权。目前大陆法系国家在检察权独立的基础上有扩大检察权的倾向，但笔者认为，中国的检察权独立性的增强并不意味着检察职权的扩大，而是应进一步明确与行政权的区分。

最后，大陆法系国家在侦查、公诉、监督、保障制度建设方面，更多涉及的是检察权机制建设及改革的问题，在基本理念上与中国并无根本性区别，应当多学习上述大陆法系国家经过先行先试总结出的经验。例如，检警一体的侦查模式，不仅能提高办案效率，更能增强检察官对案件的参与性，有助于检察官更加深入地了解案件经过，提高办案质量。还比如，在检察保障制度方面，晋升制度、培训制度、经费制度、经费独立保障等是大陆法系国家检察体制改革过程中形成的共识，笔者认为，中国应当在机制层面学习。

第二节 社会主义法系：苏联检察体制改革实践及其特点

苏联地域横跨亚洲与欧洲，处在东西方文化的中间部分。从东西方法律文化交流意义上来讲，中国近代以来的法律，尤其是现代社会主义国家的法律，受到苏联的深刻影响。自 1917 年十月革命开始算起，到 1991 年 12 月解体，苏联存在了 74 年的时间。在此期间，苏联建立了社会主义国家检察体制，这一体制曾经长期存在于苏联各加盟共和国，并对包括中国在内的其他社会主义国家产生了深远影响。有学者指出，以列宁检察权思想为理论基础的苏联检察体制不仅深刻而全面地影响着新中国成立初期检察理论和检察体制的构建，而且仍然影响中国当前具有中国特色的检察体制。[①]

一、检察权配置方面

在 1922 年颁布的《检察监督条例》中，苏联检察机关被定位为"监督各机关及其工作人员以及公民是否遵守法律及同犯罪行为作斗争"。根据 1922 年的《俄罗斯社会主义苏维埃共和国检察机关条例》，苏联成立的检察机关是全新的，是社会主义性质的，其检察职权包括：一是追诉犯罪，监督法院司法裁决，监督一切机关、团体、组织及个人的行为合法性；二是监督侦查活动，维护政治安全；三是出庭支持公诉；四是监督判决及监禁徒刑之执行。列宁在《关于"双重"领导和法制》中对检察机关的职权范围作出界定：法制统一之维护是检察机关及检察长的首要职责；检察权与行政权相对独立；苏联检察机关依法享有一般监督的权力。[②] 在 1924 年苏联宪法中，最高法院系统的内容中增加了第 46 条、第 47 条，规定苏联最高法院检察长的产生方式，增加了其在最高法院出庭支持公诉及不同意最高法院之判决向苏联中央执委会主席团抗议之权利；在第 63 条中规定，最高法院检察长有权依照特别决定，对苏联国家政治管理局之行为合法性负检察责任。这一点鲜明地体现了斯大林对列宁检察思想的继承和发展。[③]

二、检察机关领导体制方面

在列宁的指导下，1922 年全俄中央执委会决定在司法人民委员会内部设立国家检察机关，最后各加盟共和国都陆续成立了各自的检察机关，

---

① 王建国：《中俄检察制度比较研究》，法律出版社 2016 年版。

② 有学者指出："检察权行使受到地方党政领导干扰是讨论检察机关领导体制问题的直接动因，而列宁对检察系统双重领导体制的否定则成为主张检察系统改革现行领导体制，实行垂直领导的主要理论依据。"参见李建明：《检察权独立行使的相对性——兼论列宁关于检察机关垂直领导的思想》，载《政法论坛》2004 年第 1 期。

③ 宋军：《法律监督理论溯源》，载《人民检察》2006 年第 19 期。

检察长由加盟共和国的司法人民委员担任。在 1924 年苏联宪法中，检察机关的独立性开始受到重视。检察长的任免制度被放入最高法院的规范之中。根据 1924 年宪法第 46 条，苏联最高检察院总检察长、副总检察长之任免，由苏联中央执委会主席团任命，其对最高法院之抗诉，也只能向苏联中央执委会主席团提出。到 1936 年苏联宪法制定时，国家权力机关整体发生了较大变动，苏联总检察长由苏联最高苏维埃任命，下级检察长等由加盟共和国检察长提请总检察长任免。根据该法第 117 条之规定，各级检察机关具有特殊地位，不受任何地方机关的干涉，只对苏联总检察长负责。在 1977 年宪法中，检察机关的领导体制进一步完善，最高苏维埃负责任命苏联的总检察长，相应地，苏联总检察长也要履行职责，完成汇报工作，在对主席团负责的基础上，接受监督并及时进行报告，在其闭会期间，也有及时报告工作的义务。宪法还规定，苏联总检察长和一切下级检察长的任期相同，均为五年。在检察机关内部，检察长领导检察工作。从 1959 年起，苏联在检察院内部设立院委员会，负责对重要案件和决议进行讨论并提出咨询性意见供检察长参考。

三、检察程序方面

十月革命后不久，列宁开始着手改革沙皇时代留下的旧有检察体制。总体上来说，苏联的检察程序，不同于大陆法系国家，也有别于英美法系，而是具有浓厚的社会主义色彩。[①] 首先，苏联检察体制坚持审检分离。在传统的大陆法系国家，检察机关仅仅是围绕着公诉机关的性质而设置，往往依附于行政系统，缺少独立性，而苏联通过一系列的机构改革认定法律监督是检察机关的本质属性，因而以检察监督为中心构建苏联检察体系。[②] 其次，苏联检察机关的各级检察长拥有最高监督权，苏联其他国家机关均受其监督。这种最高监督权，主要表现为总检察长及所属的各级检察长有权随时调阅各种规定、命令和文件，对一些违法的规范性文件或公职人员之行为提出抗议，要求其改正。同时，检察长还有权决定是否向有关机关移交相应材料以预防犯罪。到了 20 世纪 70 年代后期，检察长更多地关注经济管理和市场领域内的犯罪和预防犯罪。除此之外，罗马尼亚等

---

① 王建国：《列宁检察权思想理论研究》，北京大学出版社 2013 年版。

② 丁志鹏、薛伟宏：《国外检察院组织法典评介》，载《中国检察官》2014 年第 9 期。

国家的检察组织法规定，在对犯罪嫌疑人、被告人被羁押的情形进行调查后，各级检察长有权进行监督。正如有学者指出，"在法庭审理以前的各诉讼阶段，检察长监督提起诉讼是否合法和有无根据，指导侦查的进程，并直接消除调查机关和侦查机关违反法律的情况。特别是，在需要采取限制公民权利和自由的措施时，检察监督具有特殊的意义"。[①] 再次，民事诉讼过程中，检察机关有权实行民事检察监督。在诉讼的任一阶段，检察长都有权介入，但只限于必要或法院的要求的情形中，检察长才可以参与到案件的审理。[②] 最后，检察长还可以通过立法程序向苏维埃主席团作出立法提案，或者根据现行的程序对法律进行解释。

四、检察官的选任制度方面

苏联在联盟中央与地方之间实行检察机关的垂直领导机制，因而检察官主要由检察长任命，而检察长则由总检察长任命。在这样的领导体制中，检察官的职业素养主要由垂直领导体制加以保障。苏联对检察长和侦查的公职人员要求较高，不仅要求一定的年龄，如不小于25岁，还要求必要的政治、业务素质和高尚的个人品质，比如，在任命为正式检察官之前要在州、区的检察院实习一年。同时，苏联检察系统的公职人员，根据其工作的类型和资历可以被授予一定的官制级别，这方面的具体内容由苏联最高苏维埃来批准。

五、检察监督和保障制度方面

根据苏联的检察组织法相关规定，在检察官提起公诉案件的侦查活动中，检察官可以持有武器，享受国家提供的各种人身保险，具体保险金额根据检察官的月工资确定。检察官的薪酬待遇也比较有保障，享受一定的带薪休假，在交通、住房、通信和医疗上享有一定的优先保障。除此之外，检察官还有一整套培训制度，所有的预算支出由国家承担。

[①] 孙记、李春季：《论苏俄检察制度的变迁及其对我国的启示》，载《俄罗斯中亚东欧研究》2010年第2期。

[②] 有学者指出："维护国家和公民的利益仍然是今日俄罗斯检察机关参与民事诉讼的目的之一。"参见李昕：《列宁法律监督思想与民事检察制度》，载《法制与社会》2018年第3期。

第三节　突变与改革：俄罗斯检察体制改革实践及其特点

本节所称"俄罗斯"，乃是指 1991 年苏联解体之后，由"俄罗斯苏维埃社会主义联邦共和国"转变而来的俄罗斯国家。根据《俄罗斯联邦宪法典》，独立后的俄罗斯采用了"三权分立"的架构来重新组建国家机构，检察体制也发生了相应的变化。现行俄罗斯联邦的检察体制虽保留着许多苏联的制度，但总体上已经建立起与之不同的检察系统，由于建立的时间并不长，因而检察体制中的很多制度仍然处于不断完善之中。在《俄罗斯苏维埃联邦社会主义共和国检察机关法》的数次修改中，检察机关、检察长、检察权和检察官等检察体制的主要内容都有改变，基本上沿着检察机关回归诉讼职能的这一思路进行改革。

一、俄罗斯检察体制基本情况

（一）检察权的配置方面

1993 年和 1999 年，俄罗斯联邦分别通过了联邦宪法和检察院组织法。在俄罗斯联邦共和国，检察权主要体现在对联邦的国家权力机关及其公职人员实施执法监督，对法律规范是否合法，以及刑事司法权的行使、民事裁判的执行等进行监督。在 2009 年的修订中，检察权扩大到对司法警察的执法行为进行监督，对法院判决及监禁的执行进行监督，对刑事犯罪进行追诉，出庭支持公诉，参与联邦检察政策的创制，发行专业出版物。结合《俄罗斯联邦检察院组织法》第三章、第四章的规定，俄罗斯联邦检察权的性质已经转向诉讼机关，配置也参考了三权分立的检察权设置观。有学者指出，"这种改革路径并不是否定检察机关作为监督者的身份地位，而是弱化检察机关在诉讼中的实质性监督，促使检察机关从实体性监督转变为程序性监督"。[①]

（二）检察领导体制方面

俄罗斯联邦总检察长任期五年，除了完成总检察长的工作外，还需要

---

① 王建国：《中俄检察制度比较研究》，法律出版社 2016 年版。

每年向联邦两院及总统进行工作汇报，并向联邦委员会作出陈述，副总检察长兼具联邦军事检察院检察长的职务。联邦内各级别检察院由对应级别的检察长领导，设立检委会，由各主体检察院检察长任检委会主席。上述检察院内部亦设立管理局处，局长及处长为检察长高级助理，而副局长及下设处长为检察长助理。上级检察长可以对下级检察院的人员、编制及公务活动进行领导、指示和命令。联邦检察院下设侦查委员会，由第一副总检察长领导并担任主席，任职由联邦委员会根据总统提名决定。

（三）检察程序设置方面

这一领域是俄罗斯联邦与苏联有诸多差别的地方。俄罗斯在 2001 年、2002 年相继颁布了新的刑事、民事和仲裁相关的多部诉讼法典，对联邦、各主体及设区市的检察程序进行完善。第一，在刑事诉讼中，侦查委员会对检察院负责的刑事案件负有监督职责。检察长有权在刑事诉讼的各个阶段，消除一些违法行为。在特殊情形下，检察长有权决定案件的合并与分开审理。检察长与副检察长有权对预先有犯罪倾向的相关人员发出警告，有要求相关公职人员立即采取具体措施的权力。第二，检察长有权决定对行政违法行为是否提起诉讼。检察长也有权对受监禁的对象，如拘留、羁押、劳改等执行机构的执法情况进行监督，有权决定对被非法监禁之人员作出释放决定。第三，检察长出庭支持公诉，有权在与公民权利和国家安全相关的任何阶段介入案件之审理，有权就规范性文件涉及侵害公民权利者向宪法法院提出意见。第四，检察长有权对法院判决提出抗诉。在对死刑的抗诉中，法院应当决定暂缓执行。检察长还有权建议法院进行司法解释工作。第五，在刑事附带民事诉讼案件中，维护国家利益、社会利益和公民利益。

（四）检察官的选任方面

根据《俄罗斯联邦检察院组织法》的规定，检察官的任职资格为：（1）俄罗斯联邦公民；（2）受过高等教育，获得了国家学历资格证书；（3）有必要的职业道德和职业素养；（4）有良好的身体条件和素质。特殊情况下，提前完成高等教育的法学毕业生，可以提前担任助理检察官或侦查官类似的职位。担任市、区级检察院检察长，年龄不得低于 25 岁，且出任检察官或侦查官的时间不少于 3 年。担任俄联邦各主体级别的检察长，年龄不得低于 30 岁。初次担任检察官，需要经过 6 个月以下的试用期，试用期届满继续履职的，视为已被录取。市、区级检察长可以任命非检察官或侦查官。俄罗斯联邦检察长决定除侦查官之外的检察人员之考评，联邦检察院下设侦查委员会人员的考评，由侦查委员会主席决定，检察科研教学人员的考评，按照特殊程序进行。

（五）检察监督和保障方面

俄罗斯联邦检察机关之检察官、侦查官和科研教学人员可以根据其职务与工龄进行授衔，终身有效。检察官及侦查官有权配枪，有权身穿制服出席各类诉讼活动。同时，检察官、侦查官、科研教学人员享有带薪休假之权利，时间随着工龄而增长。检察机关工作人员因工作需要调派到偏远地区的，家庭成员随迁费用由国家承担。俄罗斯联邦还设立奖馈基金，用以奖励检察机关工作先进者。检察机关工作人员，若当选为权力机关或地方自治机关代表或公职人员，可以暂停检务工作，暂停期间依然享有工作待遇的保障。检察机关工作人员享有多种构成的货币薪金，退休待遇、医疗护理都有专门的规定。检察官与侦查官的财产和人身安全受国家特别保护，意外死亡的丧葬费由检察机关承担，人身保险费用由国家承担。

二、俄罗斯检察体制的特点

俄罗斯检察体制的特点之所以值得总结，原因有两点：其一，苏联开创了社会主义国家的先河，在检察体制上的探索也是先驱性质的，中国的检察体制设计在很大程度上与苏联的社会主义探索有着复杂的关系，其体制改革必然对中国检察体制改革和完善具有意义；其二，从苏联到俄罗斯联邦，不仅是国家主体地位的继承，国家性质都发生了根本的改变。在这种巨变中，检察体制如何存在和改变，这中间的转型过程值得研究。[①] 从苏联的社会主义检察体制到俄罗斯联邦的资本主义性质的检察体制改革，有继受和改变两方面的特点值得认真探究。

（一）俄罗斯联邦对苏联检察体制之继受

俄罗斯联邦的检察体制改革时间并不长，但在国家转型期重要国家机构体系的改革实践经验却弥足珍贵。在十月革命之后大约四年时间中，苏联的检察体制异常混乱，不仅检察组织散乱，检察程序也严重不规范，地

---

① 王汉武：《中俄检察理论比较与中国特色检察制度改革方向初探》，吉林大学 2008 年博士学位论文。

方检察部门各自为政现象严重。在这种情况下，列宁对检察体制的性质与组织进行了系统论述，成为苏联检察体制设立之理论基础。列宁指出，"需要全苏维埃共和国统一的法制"，① 革命后的苏联政权急需建立法制统一的国家法律监督机关，检察机关和任何行政机关不同，它丝毫没有行政权。在之后近三十年，苏联建立了一个比较完整的检察体制并不断完善。在苏联检察体制的特点中，最重要的一点便是检察机关的一般监督权。② 这种监督权实际上对检察机关的性质进行了重新定义，世界主流法系对检察机关主要围绕公诉机关展开，苏联的检察体制则将大部分的检察权力转给了监督权。苏联解体之后，俄罗斯联邦共和国并没有马上抛弃苏联的检察体制，而是对这一体制进行了部分继受。这种监督权的继受主要表现在：（1）一般监督权。一般监督权是俄罗斯联邦检察长对联邦的立法机关、行政机关、各地方自治机关，包括检察系统内部机关及其工作人员的行为及规范性文件进行普遍监督。（2）在维护公民权利和自由方面的检察监督。进行一般监督时，联邦检察机关有权对侵害公民权利与自由的犯罪进行追诉，不论这种犯罪是源于行为，还是源于颁布的规范性文件，俄罗斯联邦总检察长有权就该问题及其涉及的规范性文件起诉到宪法法院。（3）对监禁场所执法机关的监督。俄罗斯联邦检察机关继受了苏联检察机关对监禁场所的执法监督，包括监禁场所执法的对象、程序及条件，对身受刑讯逼供、非法关押等人员，检察长有权下令释放。（4）对侦查活动的监督。俄罗斯联邦保留了苏联时代检察机关对侦查委员会侦查活动的监督权，对侦查的程序、内容及决定之合法性展开监督。

（二）俄罗斯联邦对苏联检察体制之改变

总体而言，俄罗斯联邦对苏联的检察体制改革力度还是比较大的。首先便是检察权性质的变革。苏联和俄罗斯联邦对检察权的定义不同，苏联的检察权是法律监督权，俄罗斯联邦对检察权的定义则让监督权转化成了司法权。其次是检察机关的审判监督职能受到削弱。根据 1992 年的《俄罗斯联邦检察院法》、1995 年和 1999 年的《俄罗斯联邦检察院法的修正与

---

① 列宁：《论"双重"领导和法制》，载《列宁全集》（第 43 卷），人民出版社 1987 年版。

② 列宁同时强调了群众参与在检察监督中的作用，他指出："群众不仅积极参加一般规章、决议和法律的讨论，不仅监督它们的执行，而且还要直接执行这些规章、决议和法律。"参见列宁：《列宁全集》（第 34 卷），人民出版社 1987 年版。

补充》，在刑事诉讼领域，检察机关的监督权被废除。检察长享有公诉权和对侦查监督的权力，但在审理阶段，检察长仅仅享有出庭支持公诉的权利，原来在审判中享有的广泛的监督权被大大缩减，检察机关在刑诉中仅仅相当于控诉方的当事人地位。最后，对当事人的权利更加重视。在刑事诉讼中，与当事人的权利紧密相关的基本权利，比如人身自由、通信秘密和通信自由等的限制，原来批准和决定的机关是检察机关，现在变为法院。俄罗斯的新立法中，联邦对个人权利与自由保障给予了更多关注和保障，赋予了个人更多方面的权利，设立了通过法院及总检察长代为提起公诉的救济渠道，以及各种保障个人权益的方式。

中国检察体制与俄罗斯的检察体制在建立之初都体现出苏联时代的特点，就改革路径而言两者有相似之处，都应结合本国检察体制的历史特点进行改革。从检察机关的职能定位上看，中国检察体制应坚持监督与诉讼并重。俄罗斯检察体制改革中注重当事人权利保障的做法值得我们学习，在采取限制人身自由的措施时采取更加审慎的态度，探索设立符合中国国情的司法审查乃至令状许可制度。

▎第四节　"一国两制"：中国港澳台地区的检察体制及其特点

中国香港及澳门特别行政区、台湾地区的检察体制与内地、大陆有所不同，且三地之间的检察体制差别也较大。其中，香港特别行政区的检察体制主要受英美法系的影响，澳门特别行政区、台湾地区的检察体制则受大陆法系的影响比较大。

一、香港特别行政区检察体制

香港特别行政区基本法第 63 条规定，"香港特别行政区律政司主管刑事检察工作，不受任何干涉"，由此可见，律政司是香港的检察机关，独立行使检察权。[1]

香港律政司在港英统治时期称律政署，1997 年回归祖国后改成律政

---

① 任万兴：《香港特别行政区基本法概说》，中国方正出版社 1997 年版。

司。在香港特别行政区政府的部门中，律政司承担的重要任务之一就是刑事检控，而承担该任务的是刑事检控科。刑事检控科由刑事检控专员掌控，在原讼法庭及区域法院审理的案件，大部分由该科的政府律师负责检控。另外，由裁判官审理的案件，若属重大案件或涉及复杂疑难的法律适用，该科的政府律师也会出庭，至于由裁判官审理的其他案件，则大部分由法庭检控主任负责检控。在刑事检控科任职的律师有 110 余名。香港在各法院审判的大部分刑事案件，刑事检控科的检察官都要以公诉人的身份或者以政府的名义出庭起诉。

香港的律政司作为检察机关，除了要全权负责刑事案件的检控之外，在所有起诉政府的民事诉讼（含行政诉讼）中均以被告身份参与诉讼，在法庭上代表政府。作为公众利益的维护者，律政司可以申请司法审查，代表公众利益出庭参与审理涉及重大公益的案件，还将涉嫌藐视法庭的情况告知法庭，协助法庭工作。香港的检控工作是由律政司司长全权负责。应否对某宗案件或某类案件提出检控，是由律政司司长及其提出检控者决定。律政司司长是特别行政区政府和行政长官的法律顾问。总之，律政司除无审判权之外，几乎肩负所有重要的法律事宜。

香港的律政司并不是一个专门从事刑事检控工作的机构。首先，律政司除负责刑事检控任务外，作为政府的一个部门，它还承担着草拟法律、司法行政、民事代理、法律改革等很多职能，刑事检控只是其重要工作之一。其次，在香港对于刑事检控任务的承担，律政司也并非唯一。实际上，简易层次的检控工作大多涉及简单的案件，可由香港的警务处、廉政公署或其他调查机关处理，无须律政司司长特别介入，而且所有案件均在裁判法院经由高级法庭主任代律政司司长审阅。

二、澳门特别行政区检察体制

澳门在澳葡政府统治时期，实施的检察制度只设有隶属于葡萄牙共和国总检察长公署的澳门检察官公署，由助理总检察长 1 人和检察长 1 人、检察官 6 人组成。随着澳门于 1999 年 12 月 20 日回归祖国，根据澳门特别行政区基本法的规定，澳门特别行政区享有独立的检察权和终审权。在此制度规划下，澳门特别行政区设有两个独立的司法机关，分别是行使审判权的法院和行使检察权的检察院。

澳门特别行政区检察院属于司法机关，它与特别行政区政府、立法会没有组织上的隶属关系。特别行政区检察院检察长由行政长官提名，报中央人民政府任命，检察官由行政长官任命。同样，行政长官也有权建议中央人民政府免除检察长的职务，或由其直接对检察官依法免职。由此看出，澳门特别行政区检察院受行政长官的指挥与监督。

澳门特别行政区基本法第 90 条第 1 款规定："澳门特别行政区检察院独立行使法律赋予的检察职能，不受任何干涉。"在履行职能时，检察院司法官只需遵守法律的规定，而无须听从任何当局或任何人的命令。检察院的四项主要权限分别为：（1）领导刑事侦查，确保刑事诉讼；（2）在法庭上代表澳门特别行政区；（3）监督法律实施；（4）维护合法权益。澳门检察院人员主要包括三部分：检察官、检察辅助人员和行政人员。目前，澳门检察院共有检察官 29 人，包括检察长 1 人、助理检察长 6 人和检察官 22 人，他们主要负责对刑事案件进行调查与起诉，在各级法院代表检察院出庭，依法参与刑事、民事及行政诉讼。同时，检察院分别有一位助理检察长和两位检察官以派任方式，出任澳门司法警察局局长和澳门廉政公署助理廉政专员（分别兼任反贪局及行政申诉局局长）。

澳门检察院创立了"一院建制、三级派任"（"一院建制"是指在检察院的机构设置上，不设立对应于三级法院的三级检察院，而采用单一组织架构，即只设立一个检察院的方式。"三级派任"是指澳门检察院基本承袭了澳门原有检察体制中的派任制度，由三个职级不同的检察官，包括检察长、助理检察长、检察官，分别在澳门的三级法院担任检察院的代表，参与司法诉讼）新的司法架构模式。根据这一模式，分别设立了以下办事处：（1）在终审法院，设立驻终审法院办事处，由检察长代表检察院，必要时由助理检察长协助检察长工作；（2）在中级法院，设立驻中级法院办事处，由助理检察长代表检察院；（3）在第一审法院，包括初级法院和行政法院，分别设立了驻初级法院办事处、驻行政法院办事处，由检察官代表检察院，案情严重、复杂或涉及重大公共利益时，也可由助理检察长在第一审法院代表检察院；（4）独立运作的刑事诉讼办事处，由检察官领导及监督警方进行刑事侦查、提起刑事诉讼。①

---

① 萧蔚云：《一国两制与澳门特别行政区基本法》，北京大学出版社 1993 年版。

三、台湾地区检察体制

目前，台湾地区检察机关的组织体系是设最高法院检察署、高等法院检察署和地方法院检察署，均隶属于"行政院"所属的"法务部"。1980 年实行审检分隶制，但仍实行各级检察机关相应设于各级法院之中。台湾地区在"法院组织法"第五章中设"检察机关"的专章，并于第 58 条至第 66 条规定有关检察署的配置、组织，检察官的职权、人事、职等及检察总长、检察长的指挥介入、移转等司法行政监督等事项，另就检察官的任用、训练、进修、保障及给予等具体内容，则制定《司法人员人事条例》详为规范。1980 年 6 月 29 日台湾地区公布的"法务部组织法"规定，"法务部"主管台湾检察、监所、司法保护之行政事务及"行政院"之法律事务，故台湾检察机关系隶属于"法务部"，而配置于各级法院及分院（"法院组织法"第 58 条），以实施侦查、提起公诉、实行公诉及指挥刑事裁判之执行，为其最主要的职权，其职权性质上属司法行政事项的范围，因此有人认为台湾的检察机关为司法行政机关，属广义的司法机关。"法务部长"作为检察官最高监督长官，不得干涉检察官就个案所为的司法判断。

台湾地区检察制度自 1980 年 7 月 1 日起，实行审检分立制，单独设置检察机关，同时，分立的检察机关和审判机关，在司法行政监督上，也一改台湾地区自 1896 年出现检察制度以来，几乎一直维持的检、审隶属同一司法行政机关，而使其进一步"分隶"。高等法院以下各级法院改隶"司法院"，高等法院以下各级法院所配置的检察官，加以机关化，正式命名为法院检察处，与最高法院检察署一同受新设的"法务部"为司法行政监督。为实施审检分隶而于 1980 年 6 月 29 日修正公布的"法院组织法"，将各级检察机关配置在各级法院，以建立检察机关的完整体系，即第一级为地方法院（分院）检察处，置检察官若干人，以一人为首席检察官。第二级为高等法院（分院）检察处，置检察官若干人，以一人为首席检察官。第三级为最高法院检察署，置检察官若干人，以一人为检察长。各检察机关检察官名额在 6 人以上者，得分组办事，每组以一人为主任检察官，监督各该组事务。主任检察官互为代理，事务较繁的检察处，首席检察官得指定主任检察官一人，襄助处理有关事务。检察机关之所以称"配置于"法院，系因检察官执行职务的区域，以其所配置法院的管辖区域为标准，故其并非法院的附属机关，检察官仍对于法院独立行使其职权。1989 年 12 月 22 日台湾地区再次修正"法院组织法"，规定各级法院及分院各配置检察署，改掉已使用近十年的检察处旧名称。第一级及第二级检察机关首长名称，也从原来的首席检察官，更名为检察长；第三级检察机关，即最高法院检察署的首长，亦更名为检察总长。此制度一直沿用至今。

第五节　域外检察体制改革实践的启示

中国的检察体制设计，总体说来，清末修律以来主要对大陆法系思想资源的援引，中华人民共和国成立后很长一段时间侧重于对苏联经验的借鉴，改革开放后参考了英美法系检察体制建设的经验。在大陆法系和英美法系之中，不同国家在启动检察体制改革过程中的指导思想和具体举措各不相同，对两大法系的改革实践经验进行总结和学习是颇有必要的。

欧盟成立多年，身处欧洲内部的大陆法系和英美法系之间的国家在法制体系和文化上多有交流和融合，苏联解体之后，社会主义国家的检察体制也在不断改革和完善。显而易见的是，大陆法系和英美法系中检察体制改革出现了一些共同的改革实践及其趋势。

一、域外检察体制改革的独立性及多元化趋势

(一) 检察体制独立性不断增强

检察体制在诉讼过程中具有鲜明的司法属性，为了保证诉讼的公平公正，适当的独立性是检察体制不可或缺的。尽管各国国情不一，所属法系不同，检察权及检察机关的独立性程度也不同。但总体而言，检察体制独立性的趋势在不断增强。其主要体现在以下三个方面。第一，检察权的独立性尤其得到强调。检察权的性质众多，不局限于行政、司法等性质。根据检察权定义的不同，又能产生不同的检察权配置方式。一般而言，侧重于检察权的诉讼职能的模式，更多地偏向于将检察权定位为司法权；而侧重于检察权的法律监督职能的模式，更多地偏向于将检察权定位

为行政权。检察权是否独立于行政权、立法权，是检察权独立的重要标志。① 在大陆法系中，德国和法国的检察院虽然内设于法院之中，但各自职权的行使是独立的，而日本的检察机关是单独设立的，检察权也独立于行政权。第二，检察机关的独立性在增强。大陆法系国家中，法国的检察机关独立性不强的问题已经受到重视，通过削弱司法部长对具体的检察个案发布指示的做法，法国的检察机关的独立性在逐步增强。而英国则在 1985 年犯罪起诉法之后，建立了独立的皇家检察署，独立性大大增强。美国的检察体制，由于机构简单、人员流动性较大，也能保证检察机关的独立性。相对于苏联的检察体制而言，俄罗斯联邦的检察机关设置更多是参考三权分立的权力构建，检察机关实现了一个巨大的转变，从普通的法律监督机关到专门检察监督机关。第三，检察程序的独立性在增强。在大陆法系的早期制度中，司法部长对总检察长，总检察长对检察长，对具体的刑事诉讼案件都有发布命令和指示之权，在理论上存在过度干涉的可能。在随后的改革中，或者明确或者默示废除了司法部长这一权力，总检察长在整个检察机关中的领导作用也趋向于更抽象的命令、指示及参与法律法规的制定之类的权力，以及代表国家维护公共利益的诉讼等。

（二）检察职能多元化

经济社会的迅速多变，各类主体的内容、利益、形式等表现出更加复杂化的趋势，随之产生的诉讼类型也在不断增加。除了行使传统的刑事诉讼中的职能之外，检察机关的职能也逐渐涉及民事诉讼、行政诉讼，甚至是日常的执法事务中。② 这一点在大陆法系和英美法系都有所表现，而苏联检察体制的检察职能表现尤为明显。首先，检察机关的职能变得更加广泛，在民事和行政诉讼领域，在国家层面进行诉讼的职能也逐渐被检察机关取代，如英国的总检察长、美国的联邦检察官以及德国的检察机关，参与的方式也比较多元，但大致以法律监督作用为主。其次，在诉讼之外的社会生活领域，检察职能业已拓展至检察出版物的批准与发行，户籍检查、身份关系，德国、英国的总检察长甚至能参与到对整个国家的司法政

---

① 樊崇义、吴宏耀、种松志：《域外检察制度研究》，中国人民公安大学出版社 2008 年版。

② 宋英辉、陈永生：《英美法系与大陆法系国家检察机关之比较》，载《国家检察官学院学报》1998 年第 3 期。

策的制定中，美国的联邦总检察长和各州检察长都有为联邦和各州提供法律咨询的义务。

二、域外检察体制改革中自由裁量的应用

本书此处主要谈一下刑事诉讼阶段中，检察官对自由裁量权的行使。这种行使主要表现为决定起诉或不起诉的权力、决定进行辩诉交易的权力及决定豁免证人因作证而获罪的权力。① 虽然大陆法系国家一直对自由裁量权进行约束，但是随着近年来英美法系的起诉便宜主义的传播和影响，有些大陆法系国家也开始进行转变和尝试，如法国的起诉替代措施，日本的起诉犹豫制度等。显然，采用起诉便宜主义更加能节省诉讼成本，提高诉讼效率。辩诉交易制度源自美国，主要适用于关于控诉罪行方面和关于量刑方面。辩诉交易受到的限制较少，不受诉讼阶段、案件范围、处分权利的限制，因此被控辩双方所欢迎。据统计，美国百分之九十的刑事案件都以辩诉交易的方式解决。虽然英国在理论上倾向于否认这一制度的价值，但实践中律师对这一制度的运用却屡见不鲜。主要的大陆法系国家，如德国、意大利，在20世纪80年代的实践中已经引入辩诉交易制度，只是基于多种考虑，限制了这一制度适用的范围和深度。

三、域外检察体制改革的系统性

如前文所言，检察体制涉及范围广泛，包括检察权、检察领导体制、检察组织制度、检察程序等多个层面，检察体制是对检察系统运行的动态概括。通过对大陆法系、英美法系、苏联社会主义检察体制改革实践的概观，我们发现检察权及检察体制在当今世界并无绝对定型的模式，各国在检察体制的改革中，检察权职能更加多元。领导体制不论是垂直领导，还是双重领导，总检察长都带有象征性的"政治标志"因素，检察业务的宗旨既维护个人权利，也维护公共利益。

四、域外检察体制改革实践的启示

域外检察体制改革的实践，对相应的检察体制改革具有丰富的借鉴意义。鉴于实际国情，单纯引入大陆法系或英美法系的制度实践肯

---

① 徐爽、韩健：《中国检察制度历史变迁之回顾》，载《法学杂志》2008年第3期。

定不是一种明智的做法，但从检察体制的各方面来讲，最重要的启示有三点。

（一）增强检察机关的独立性

在社会主义国家，出于革命和社会运动治理的需要，检察权被用于打击反革命和危害国家安全类的活动，因而多被界定为司法机关。在大陆法系国家，审检合署的传统正在逐渐被审检分离所替代，检察机关尽管在法院系统内部，但在具体案件的办理中，检察院和法院的活动是相互独立的。在英美法系国家，审检分离业已实现，检察机关内部的业务领导关系实现独立成了改革的重点。一些国家，比如英国，检察领导体制改革上的力度非常大。通过1985年的犯罪起诉法，该国不仅建立了一套独立的皇家检察署体系，同时在皇家检察署内部实行垂直领导制，皇家检察署的总检察长向议会负责，整个检察系统在财政上是独立于政府，单独制定经费预算，法国、荷兰、西班牙也有相关的规定，对行政部门干预检察事务进行限制，仅允许司法部长对执法活动进行监督，发布一般性指令。《关于检察官作用的准则》第4条更是规定，各国应当保障检察事务不受不合理干涉、威胁并保障检察官之人身安全。

（二）检察权应当定位清晰明确

检察组织机构和领导体制，可以根据形势的发展变化而适时作出结构性调整，但检察权的定位在检察体制创建阶段就应当清晰。[①] 大陆法系和英美法系的检察体制发展史各不相同，但有一点是共同的，即检察体制的创立时期对检察权的明确界定。大陆法系倾向于从权力分立的角度将检察权视为附属于行政权的一种权力，因而将检察机关认定为行政机关，法国和德国的检察机关受司法部领导便是明证。后来虽然经过两个世纪的改革，但大陆法系国家对检察权的定位并无根本变化。其原因在于，大陆法系的检察权的诞生是为了防止警察权的滥用，而警察权是行政权之一种，将检察机关设置于行政系统之内是符合政治科学原理的。英美法系检察体制的渊源前已详述，此不赘言。依靠着"自然公正"的理念和正当程序的有力保障，英美法系国家，尤其是英国，在很长一段时期并无正式的检察体制。总检察长与副总检察长的设立，主要是代表国王

---

① 王玄玮：《检察制度的中国视角与域外借鉴》，中国检察出版社2011年版。

参与诉讼，维护公共利益。到 19 世纪，英国财政部律师在伦敦大区及全国开始承担检察官的职能。英美法系的检察体制从创建之初就带有很强的诉讼机关色彩。从 19 世纪 70 年代以来，直至 20 世纪 80 年代中期，经过一个多世纪的探讨与试验，英国最终建立了系统化的皇家检察署体系。十月革命之后，苏联开始在列宁思想指导之下建立极具社会主义特色的检察体制。面对革命胜利之初专政的紧迫性，检察机关在苏联国家机构体系中享有较高的宪法地位。1926 年，全俄中央执委会公布了《检察长监督条例》，使检察机关拥有了监督权力，卫国战争进一步强化了军事状态下专政的紧张态势，检察机关的一般监督权也得以加强并延续下来。

从大陆法系和英美法系检察体制的历史沿革来看，检察权的定位与国情、历史及统治阶级之意志紧密相关。大陆法系对检察权的定位是基于权力滥用的防范与控制，英美法系则是处于司法程序的完善及法律公正的保障，苏联社会主义法系则是为了应对创制之初紧张的阶级斗争形势。检察权一旦清晰定位之后，检察机关的组织和人员也随之充实起来，并形成各自法律传统中的特色。这一经验告诉我们，对检察体制的改革而言，检察权的定位应当清晰明确，这是至关重要的一个环节。

（三）加强检察监督与保障制度

从大陆法系和英美法系检察体制的历史沿革来看，检察监督与保障制度的强化已经成为普遍的趋势。目前，检警一体化趋势在大陆法系表现特别明显，法国、德国、日本和中国台湾地区的侦控关系基本都采取这种模式，但检察机关和警察部门之间的角色在各国仍然有一定区别。[1] 警察权属于行政权，而检察权也具有部分行政权的属性，检警一体化有其合理性，但如果取消了检察机关对公安机关的监督，那么公、检、法在办理刑事案件上的分工负责机制便会失衡，这是需要注意的问题。在诉讼监督上，基于法律监督的定性，2018 年检察院组织法的修订强化了检察机关在行政诉讼和民事诉讼中的监督职能。在自身监督上，重建后的检察体制一方面对检察权之运用提出严格要求，另一方面重视对诉讼中公民权利的保障。

---

[1] 敬大力：《检察机关组织领导体制和检察权构造及运行机制的改革探索——关于"检察工作一体化"和"两个适当分离"的理论与实践》，载中国检察学研究会检察基础理论专业委员会编：检察基础理论论丛（第四卷），中国检察出版社 2016 年版。

除了检察监督制度的强化之外，检察保障制度也应当予以重视。为了使检察机关能独立行使检察权，需要两种重要的保障，即制度保障和物质保障。检察官在大陆法系和英美法系的地位不同，检察机构人员的保障方式也不同。英美法系的检察官一般由律师充任，经常被当作普通行政人员来对待，身份地位和相应待遇不及同级法官和律师，流动性很强。中国的检察保障制度类似于大陆法系，但检察官属于司法人员，检察官的身份地位和待遇由专门的法律规定予以保障。实践中，检察官薪酬、奖励、培训、休假和退休保障制度等都需要国家给予物质上的强有力保障。

通过对域外检察体制的历史沿革及改革实践的梳理让我们对世界范围内检察体制作为一种现代民族国家的治理机制有了更加深刻的认识。尽管大陆法系、英美法系、苏联社会主义法系对检察权的定位大不相同，发展的进程也有很大差异，但是在提升现代国家治理与社会治理的意义上则殊途同归。从检察权的起源看，我们也看到三种不同的历史起源路径，大陆法系主要是为了控制警察权的滥用，英美法系则是为了行使诉讼机关的职能，苏联社会主义法系则是为了无产阶级政权巩固的需要。显而易见，这三种历史起源与国家的历史形态、民情和法制体系及当时的社会运动是紧密相关的。苏联社会主义法系检察体制因历史原因而遭遇重大挫折，但中国依然在移植的基础上不断地改革与完善。此外，大陆法系与英美法系之间对检察体制的优缺点进行了深入的研究，在坚持传统特色的基础之上已经开始相互取长补短的融合之势。

第五章
中国检察体制改革的基本设想

　　党的十九大对于指导中国的检察体制改革意义深远，二十大更是明确指出，要加强检察机关法律监督工作，完善公益诉讼制度。在实现中国式现代化的过程中，检察体制改革既要结合当前国际检察体制实践中法治化、科学化、合理化的建设和改革经验，也要结合中国的国情，做到精准化改革，提高改革效率，提升实践效果。无论大陆法系还是英美法系，即便检察体制发展初期具有诸多不同特点，但随着实践的深入，检察体制的改革和发展呈现出一种公理性回归的趋势，大陆法系虽然在理论和实践中都倾向于保持较小范围的自由裁量权，但是司法实践中的大量无法预判的事实，使得大陆法系国家逐渐对自由行裁量权开始重视，并逐步增加检察官自由裁量的范围。但是，各个国家的政治体制、历史发展毕竟不同，同为大陆法系或英美法系国家的不同国家之间，检察体制也有各自特点。就中国而言，在以公理性目标不变的前提下，仍然要考虑采取与国情相适应的检察体制改革路径。对于上层建筑的构建需发挥主观能动性，结合历史和现实妥善进行配置，倘若仅依照经济基础的变化而被动变化，则可能影响社会与经济的健康发展。因此，中国的检察体制改革，应当在对检察权正确定位的基础之上，结合历史与现实，积极实现预定改革目标，积极推动实施检察体制改革的各项内容。

第一节　中国检察体制改革的指导观念

　　进入中国特色社会主义新时代，中国检察体制必将迎来全面广泛深刻的革新，不能是浅尝辄止式的小改变，需要结合党和国家机构改革的重要成果，进行深入而准确的定位。正如有论者指出的，在检察体制改革已经进入攻坚期和深水区的当下，需要厘清检察工作法治化和检察体制改革的关系，即全面深化检察体制改革需要法治保障，全面推进法治化进程需要深化改革。

一、检察体制改革的历史向度是继承与发展

自新中国成立以来，中国的检察体制一直在改革中。总体上看，这种改革是良性的，是渐进的，更多的是基于社会经济形势发生变化，检察体制因应时代的变化而进行，对检察机关的定性、检察权的界定、检察权的领导体制等并未进行过根本性的改革，中国特色社会主义新时代的历史定位让检察体制改革进入一个大变革时代。截止到 2018 年，最高人民检察院的司法体制改革成效显著，先后完成 29 项改革任务，检察体制改革规划中的 91 项完成了 82 项，改革主体框架已然确立。① 其中重点完成了司法责任制改革、公益诉讼试点改革、刑事诉讼监督改革、人民监督员制度改革等内容。②

从继承的角度来看，无论是改革开放初期对检察体制的重建，还是党的十八大以来的整体司法体制改革，经历多次修订的检察院组织法确立的检察机关主体结构并未发生根本性的变革。首先，检察权保留了法律监督机关的性质。其次，最高人民检察院领导地方各级人民检察院，上级人民检察院领导下级人民检察院，检察长领导全院工作之内部领导体制一直没有变动。最后，检察机关组织体系未发生根本改变。尽管新中国成立七十余年检察体制的变革时有发生，但从中央到地方的检察机关组织体系未发生根本改变。③

从发展的角度来看，自改革开放以来，社会主义法治建设进入了一个新时期，以检察体制改革为重点的司法体制改革也取得了重大的成果。正如前文所言，四十多年的改革是对先前体制的继承而非否定。四十多年的诸多检察体制改革的各项举措发展与完善了这一体制。首先，就检察权的

---

① 李豪：《91 项具体改革举措完成 82 项　检察改革主体框架已基本确立》，载《法制日报》2018 年 1 月 24 日。

② 党的十八届四中全会明确提出："完善人民监督员制度，重点监督检察机关查办职务犯罪的立案、羁押、扣押冻结财物、起诉等环节的执法活动。"

③ 冯向辉：《当代中国检察制度的设计理路及改革历程》，载《学术交流》2009 年第 4 期。

范围而言，尽管检察权作为法律监督权的定位并未发生实质变化，但检察权的范围却根据改革而进行了相应的调整。以 2018 年修订的检察院组织法为例，该法在保留法律监督机关职能的基础之上，完善了检察院提起公益诉讼、参加其他诉讼活动的职能，体现了中国检察体制渐进式改革的思路。① 其次，在检察领导体制上，总体来说，新中国成立以来的检察领导体制，在检察系统内部的改变并不太明显，但在外部，即检察机关及其领导、负责机关的改革还是很显著的。1951 年，最高人民检察署直辖于中央人民政府，但在 1954 年宪法中，人民检察院改由国家权力机关产生，对其负责，受其监督。

二、检察体制改革的基本态度是主动回应社会需求

根据马克思主义哲学的观点，上层建筑服务于经济基础，检察体制属于上层建筑，检察体制改革的本质要求是满足人民群众的需求，检察体制改革对人民群众需求的满足程度反映在检察体制改革对社会主要矛盾变化的回应程度。② 从新中国检察体制史的回溯中，我们清楚地看到，检察体制改革一直坚持主动回应社会需求，这种对检察体制改革历史定位的判断是基于历史和现实两个方面作出的。

一是从新中国检察体制的历史沿革来看。检察体制虽然肇端于清末，但真正进行系统性、规范化的建设是在民国时期。在国民党政府时期，经历了近半个世纪的法制建设，各项法制已经初具规模。新中国废除了国民党的法统，在当时无疑是重大且复杂的，但总体来说极具进步意义。③ 尽管新中国的法制建设需要"另起炉灶"，但由于革命根据地时期的积极探索，及苏联社会主义法系的理论支持，新中国成功建立了中国特色的检察体制。需要注意的是，中国检察体制的建设与改革保持相当的独立自主性，主要受益于革命根据地建设的实践经验。从井冈山革命根据地建设之

---

① 关于民事公益诉讼与行政公益诉讼的具体差别，参见江苏省无锡市锡山区人民检察院课题组：《民事公益诉讼与行政公益诉讼的程序衔接问题研究》，载刘华主编：《检察研究》，中国检察出版社 2016 年版。

② 杨火林：《1949—1954 年的中国政治体制》，中共中央党校 2005 年博士学位论文。

③ 蔡定剑教授指出，它确立了中华人民共和国法制建设的基础和出发点，其精神一直是新中国建立后法制建设的指导方针，对中国法制建设产生了极其深远的影响。参见蔡定剑：《历史与变革——新中国法制建设的历程》，中国政法大学出版社 1999 年版。

初，中国共产党就注重人民检察体制的建设。在检察权配置的设置上，不仅坚持检察机关承担的诉讼职能，而且结合苏维埃政权的社会主义性质，建立了民主、独立、公正的社会主义性质的检察体制。新民主主义革命时期的检察体制，尤其是 1946 年陕甘宁边区改革后的检察体制，其阶级性质与清末及民国时期的检察体制是完全不同的。①

二是从现阶段检察体制改革的实践来看。根据检察院组织法第 10 条之规定，最高人民检察院是国家最高法律监督机关，领导地方各级人民检察院和专门人民检察院，享有诸多诉讼之外的监督权力。根据该法第 23 条，最高人民检察院可以作出检察解释，发布指导性案例。换言之，最高人民检察院在一定范围内享有制定检察政策的权力，如最高人民检察院制定的《检察工作五年发展规划》《检察院信息化发展纲要》系列政策等。当然，最高人民检察院在政策制定上应考虑党和国家的方针和政策。检察政策制定有两个主体，一个直接主体是最高人民检察院，一个间接主体是中共中央。从两个主体在历次检察体制改革实践的行为来看，都是积极主动回应人民群众之需求，而非被动应对之举。改革开放以来，尤其是党的十八大以来，中国积极推进司法体制改革，包括检察体制改革，检察体制改革的顶层设计和政策制定往往以试点开始，然后推广至全国范围。这种将中央的顶层设计与地方的先行试点相结合的制度创新，让检察体制改革走在各项改革前列。2015 年中共中央全面深化改革领导小组审议通过《深化人民监督员制度改革方案》《法官、检察官单独职务序列改革试点方案》，拉开了检察院组织人员制度改革的序幕，这种改革的试验性质代表着执政党和国家积极主动回应人民需求的现实。

三、检察体制改革的基本目的是国家治理体系与治理能力现代化

司法改革无疑有助于国家治理体系与治理能力现代化的实现，判断其成败的主要标志包括：一是基本制度是否顺应时代潮流；二是权力配置是否有序合理；三是体制是否能够以法治思维和方式来解决问题；四是体制运行是否成本低、效能高；五是体制氛围是否良好，廉洁正派。检察体制改革既要保证公平正义的实现，又要承担维护党执政兴国的重大使命。改

---

① 刘清生：《新民主主义革命时期的人民检察制度研究》，载《中国刑事法杂志》2009 年第 10 期。

革之后，检察权的配置更加科学合理，检察官队伍的素质得到提高，检察组织机构更加合理高效，检察权的行使更加符合法律要求，检察监督和保障的水平大为提升。

第二节　中国检察体制改革的具体任务

结合中国检察体制改革的实践，对检察体制改革的目标进行总结和展望，必须从以下六个基本原则进行，即坚持正确政治方向；坚持以宪法和法律为依据；坚持正确的检察工作发展理念和司法理念；坚持群众路线；坚持统筹谋划和顶层设计；坚持积极稳妥推进。笔者认为，当前中国检察体制改革的目标大致有三个。

一、保障检察权依法独立行使

从检察权的配置及检察机关的宪法地位来看，检察权的独立行使是处于一种司法运作体系之中的相对独立。在这种相对独立中，检察权的独立行使往往依赖于对外关系的独立和对内关系的独立。在外部关系中，有完全独立和部分独立的区别。所谓完全独立，是指检察体制完全独立于政府和法院，依法保障检察人员之履职免受社会组织和个人之干涉。所谓部分独立，是指检察机关设在行政部门，在行政机关的监督之下开展检察工作，如司法总长的政治领导。目前两种类型的检察权依法独立行使在大陆法系和英美法系的国家都有存在。如前文所言，检察权的配置与一国的历史传统和现实国情是相符的，这意味着并没有一种固定的检察体制模式普遍地适用于所有国家，但在《关于检察官作用的准则》中，检察官独立履职被公认为衡量检察权依法独立行使的标准。根据中国的实际情况，必须强化检察机关的独立依法行使职权。[①] 首先，检察机关作为国家的法律监督机关，独立行使检察权是实行法律监督的需要。检察机关的外部独立有利于保障诉讼案件处理的公正，检察机关从事的诉讼活动具有司法性质，为了维护检察权依法独立行使也需要检察机关的相对独立。其次，检察机

---

① 王新环：《论检察权的独立性》，载《国家检察官学院学报》2003 年第 5 期。

关的独立有助于实现权力制约。如果不能将检察机关及检察权剥离出来，很难谈得上有权力制约的意涵。正如有论者指出，检察体制的设立是基于历史的、社会的选择，检察权从来就不是审判权、行政权的衍生。① 最后，检察权独立是更好维护社会利益的需要。党的十九大作出了中国社会主要矛盾发生变化的论断，这是进行检察体制改革的基础和前提。检察机关无论是作为刑事诉讼的公诉人，还是作为诉讼活动和监所执行活动的监督者，都是社会利益的代表者。在此意义上，检察机关以法定的诉讼权和监督权，维护各方当事人的合法权益，维护国家安全和社会秩序，赋予其依法独立行使职权是必要的。在整个国家权力体系内部，检察权依然是独立自主的。② 从法律关系上来看，真正独立行使检察权的是检察官，而非检察机关。因为检察机关是一个组织，具体行使权力需要通过授权后的个人，这一点在《关于检察官作用的准则》中也得以确认。③

从外部关系上来说，除检察机关的检察权应当得到尊重和独立之外，检察机关的组织、人员和经费也应当予以保障。宪法规定，检察机关独立行使职权，同时接受党的政治领导，接受全国人民代表大会及其常委会的监督。④ 从内部关系上来看，中国检察机关内部设置了检察长和检委会，检察长领导检察官的工作，而检委会是集体负责制，这容易出现履职上的低效。为了防止以上情况的出现，检察体制改革中制度的创新是必要的。比如，人民监督员的设立。检察院组织法的完善中必须重视对人民监督员的选任机构、经费保障等细节进行规定。⑤ 除此之外，应强化上级检察机关对下级检察机关的财权保障，维护检察体制内部的财政独立，深化检察系统内部的监督机制。

二、优化法律监督职能

党的十九届三中全会明确了要进一步深化司法体制改革，优化司法职权配置，全面落实司法责任制，完善法官、检察官员额制，推进以审判为

---

① 谢雨萍：《论独立行使检察权》，吉林大学 2018 年硕士学位论文。

② ［日］法务省刑事局编：《日本检察讲义》，杨磊等译，中国检察出版社 1990 年版。

③ 有学者持同样看法，参见程味秋：《〈关于检察官作用的准则〉评介》，载《中国刑事法杂志》1991 年第 1 期。

④ 黄典顺：《改善地方党委对检察机关领导的思考》，载《法学》1988 年第 2 期。

⑤ 王守安：《中国检察》（第 26 卷），中国检察出版社 2017 年版。

中心的诉讼制度改革，推进法院、检察院内设机构改革，提高司法公信力。① 这些中央层面的顶层设计，实际上开启了中国检察体制史上重大改革的序幕。张军检察长指出，"（我们）要深化司法体制综合配套改革，全面落实司法责任制，对改革执行和落实中问题持续做好'精装修'，在巩固中深化，在深化中巩固。要坚定以专业化建设为方向，加快推进内设机构改革"。② 强化检察机关法律监督职能，必须综合性把握正确的价值取向，结合事前、事中和事后三个阶段的监督，将主动监督和依法监督相结合，维护社会公平正义，推动国家治理体系与治理能力现代化。总体来看，重点应当在于以下三个方面。

第一，加强对侦查调查活动合法性的监督。具体内容包括：（1）侦查程序的具体形式是否完备；（2）采取各种强制措施时有无违法行为；（3）在证据取得上手段是否合法。在检察院自侦案件中，检察机关的侦查监督主要体现在对检察机关内部的侦查部门在侦查方式、证据取得和强制措施上有无违法之处；（4）经监察委员会调查移送检察机关审查起诉的涉嫌职务犯罪案件。

第二，加强诉讼监督职能。目前检察机关诉讼监督存在三个方面的问题：一是刑事诉讼监督职权呈分散状态；二是检察监督以内部为主，缺乏外部监督；三是"不愿""不敢""不会"监督现象依然存在；四是监督缺乏必要的评价机制。③

对这些现实难题，需要具体问题具体分析。检察机关的诉讼监督在于诉讼构造和检察人员的诉讼地位。诉讼监督的构造是单向，而诉讼构造是公、检、法、辩护人控辩审的三角形，检察人员在刑事诉讼中一身二任的地位造成诉讼监督和诉讼角色的混淆。从监督的规律分析，首先，检察人员主观上必须加强自身的监督意识；其次，检察机关应当在内部将诉讼职能与法律监督职能分设，这其中应处理好与被监督机关的关系、与人大及其常委会的监督关系、与党的政治领导关系；再次，应细化诉讼监督机

---

① 有论者认为，检察官作为独立化的职业群体，必须建立起以司法业绩为核心的考核评价体系。

② 张军：《以习近平新时代中国特色社会主义思想为指引 推动中国特色社会主义检察事业全面发展进步》，载《人民检察》2018 年第 23—24 期。

③ 林芳：《浅析检察机关诉讼职能与诉讼监督职能适当分离》，载《法制与社会》2012 年第 9 期。

制，出台灵活、具有可操作性的诉讼监督措施或细则；最后，应加强诉讼监督的强制力。这是一个监督的"度"的问题。以往诉讼监督的强制力，往往通过司法建议等法定方式体现，但这种监督方式的强制效力不尽如人意。在党和国家机构改革的背景下，国家工作人员的职务犯罪行为被列入监察委员会的调查范围，通过与监察委员会的分工合作与制约，检察机关的诉讼监督强制力当会有所提升。

第三，合理配置行政执法监督权。根据检察院组织法的规定，检察机关的法律监督不仅及于生效裁判文书之执行，还及于监所执行等活动。尽管 1979 年检察院组织法取消了 1954 年检察院组织法中检察机关对一般违法行为和守法的监督，① 但 2004 年和 2006 年，最高人民检察院又分别在两部文件中对于恢复这一类监督权有所暗示。在此基础上，检察机关对该监督权的行使具有一定的消极性和被动性。在这方面，应注意合理配置检察机关的监督权，在行政违法与行政合法之间划定明确的界限，同时强化检察机关和被监督机关的信息分享机制，将行政执法程序与刑事执法取证程序相衔接，必要时可以引入案件调查的提前介入制度。有研究者指出，对于工作衔接中的一般问题以及重大问题，可通过定期召开公检法司联席会议共同研讨和解决，同时建议公检法司各单位设立专门对口联系干部，加强日常沟通。② 同时，应当防止以民事公益诉讼代替行政执法监督的现象，在不能随意否定行政行为效力的前提下，应当依法处理行政行为效力认定的问题。

三、健全诉讼机关职能

中国检察机关不仅是监督，还是承担诉讼的机关。有论者指出：在列宁的检察法制思想中，决定检察体制的因素有三个：一是维护法制统一性；二是法律监督机关的专门性；三是检察权与行政权的相对分离。与之对应，苏联社会主义检察体制的独特表现：一是检察监督本能的拓展与扩张；二是检察权能的效力及地位最高化；三是检察权围绕监督权而派生，

---

① 王同叶：《行政执法检察监督制度论》，苏州大学 2016 年硕士学位论文。

② 严励、金建庆主编：《检察工作的理论前瞻与实践探索——上海市虹口区人民检察院调研论文集》，中国法制出版社 2017 年版。

而非是因制约而形成的诉讼权。① 在新中国成立初期紧张的阶级斗争形势下，这种法律监督性质的检察体制有存在的必要，但并不意味着这种临时性的特别机制应当一直保留下来。有学者指出，"与其他国家检察职权不同的是，刑事诉讼权虽然是苏联检察机构所具有的职权，但并非其主要职权。进一步来看，苏联检察机构诉讼权的行使并非立基于将检察机构定位于同审判机构相配合、共协调的场域，而是将其设置于监督权的大背景下"。② 诉诸历史，诉讼职能应当是在和平与发展的背景下检察机关的基础职能。在此意义上，检察院组织法和刑事诉讼法等基本法律的修改已经体现了相应的改革思路。为了贯彻以审判为中心的刑事诉讼制度改革，两高联合多部委共同出台了相应的司法解释等规范性文件，相关领导也公开作出过类似表示。③

目前，加强刑事领域的诉讼职能，检察机关应当在下面三个方面着力。一是刑事诉讼专业化。为了适应检察体制改革的新要求，应当以检察机关的诉讼职能为中心，将诉讼工作精细拆分，根据刑事诉讼的阶段特点，相应地审查引导、准确指控并在事后以案释法。因此，检察机关在刑事诉讼之前应当主导刑事诉讼的推进，将案件立案的实质性审查与诉讼过程的法律监督结合起来，改革并完善对刑事侦查行为、刑事强制措施的审查等工作。同时注重化解案件办理中出现的不稳定因素，将办案的质量和检察的公信力结合起来，实现刑事诉讼中的教育和处罚兼顾的社会效果。在刑事诉讼过程中，检察机关应当保障普通民众知情权，重视其对案件的参与和监督的权利，积极推进信息公开。二是刑事诉讼职业化。④ 检察体制改革中，检察组织人员和机构的改革也非常重要。这不仅是为了更好地保障检察官的薪酬待遇，也能更好地保障检察官依法独立公正履职，切实提高检察官队伍道德水平和业务工作的能力。在这一过程中，应注重发挥党组织和党员的带头作用，强化检察官职业道德，以忠诚、为民、担当、公正、廉洁作为检察组织人员队伍的基本道德准则。在具体刑事案件办理

---

① 蒋庆红：《论公诉职能应是我国检察机关的基本职能——以检察权的产生发展为视角》，载《广西政法管理干部学院学报》2007 年第 2 期。

② 邵晖：《中国检察权的内部组织构造研究》，中国政法大学出版社 2017 年版。

③ 曹建明：《充分发挥公诉职能　促进严格公正司法》，载《检察日报》2015 年 6 月 5 日。

④ 关于检务公开的重要意义，参见骆绪刚：《检察权运行司法化研究》，中国法制出版社2017 年版。

中，应当理顺办案思路和工作机制。在重大刑事案件中，尤其要形成检察机关领导，部门负责人、法警参与的专业办案模式，让刑事犯罪案件的追诉更加精细化。① 三是刑事诉讼规范化。检察机关在刑事诉讼程序中的职能规范化是严格公正司法的关键。规范化主要体现在理念、规则和关系上。首先应加强社会主义法治理念和法治思维的教育，引导检察人员按照社会主义法治要求行事，采取符合检察规律和诉讼法则的司法程序，树立司法公正的严格观念。在规则上，应当更科学合理地制定检务实施各项具体规定，落实组织法、行为法等基本法律的实施细则，真正做到有法可依、有法必依。② 其次应当根据检察体制的特点，厘清检察机关的外部关系、内部关系以及与其他机关之间的关系，防止出现因人情、人事关系、金钱贿赂等原因而产生的冤假错案。③

第三节　中国检察体制改革的推进重点

2018 年《深化党和国家机构改革方案》的出台，让检察体制的组织结构相应发生了变迁。在阐述现行检察体制改革的内容之前，我们必须对当前检察体制的基础进行界定。首先，中国检察体制的理论基础是马克思主义法学中的国家与法理论；④ 其次，中国检察体制适应了中国特色社会主义的国体性质；再次，中国检察体制有力地维护了国家的法治统一；最后，中国的检察体制有力地保障了司法的公平正义。随着新时代社会主要矛盾发生变化，检察体制改革的总目标相应地转变为更加职业化、规范化、专业化地开展检察工作，让人民群众在每一个司法案件中感受到公平正义。⑤ 为了达到这一目标，当前的检察体制改革应具备以下内容。

① 徐燕平：《行政执法与刑事司法相衔接工作机制研究——兼谈检察机关对行政执法机关移送涉嫌犯罪案件的监督》，载《犯罪研究》2005 年第 2 期。

② 万毅：《检察机关内设机构改革的基本理论问题》，载《政法论坛》2018 年第 5 期。

③ 曹建明：《充分发挥公诉职能　促进严格公正司法》，载《检察日报》2015 年 6 月 5 日。

④ 王志华、刘天来：《俄罗斯国家与法理论的历史传统》，载《求是学刊》2017 年第 5 期。

⑤ 习近平总书记主持召开中央全面深化改革领导小组第十五次会议，审议通过了《关于完善人民检察院司法责任制的若干意见》。2015 年 9 月 28 日由中华人民共和国最高人民检察院公布，该《意见》适用于中央确定的司法体制改革综合试点地区确定的试点检察院，其他检察院可以参照执行。

一、保障检察权依法独立行使

正如前文所言，世界范围内的检察体制改革，其目标都直指检察权依法独立行使。宪法第 136 条规定，人民检察院依法独立行使检察权。① 在当前阶段，依法独立行使检察权意味着首先必须"依宪行使"。宪法是国家的根本大法，是一国最高的政治共识。保障检察权依法独立行使，就是要在权力和权利之间取得平衡，就是要实现每一个案件的公平正义。②

为实现这一目标，必须对当前的检察体制进行改革以强化其依法独立行使职权。这种改革必须在符合三个条件下开展：坚持正确的政治方向、符合基本的国情需要和以维护司法公正为核心。具体内容主要包括以下两个方面：第一，加强检察独立的外部保障机制。中国共产党是我们的最高政治力量，坚持党的绝对领导是检察机关的首要政治原则，但是党在司法战线的领导，主要表现为政治、组织和监督上的领导，不能也不应该取代宪法上对公检法三机关"分工负责、互相制约、互相配合"之间的关系，应尽量减少对具体业务干预。同时，应持续深入推进省以下人财物的统一管理甚至中央直接管理，为检察机关和检察官的独立提供坚实的经费保障。第二，加强检察独立的内部保障机制。国家应当在厘清检察机关与同级党政机关、人大、审判机关关系的同时，建立问责和追究机制，切实防止相关人员通过各种方式干预具体检察业务，真正确保检察官个人也能依法独立行使检察权，当前在全国政法系统推行的"三个规定"就是有益的尝试，下一步的改革过程中，应继续坚持并不断深化。

二、优化刑事检察职能

目前，中国检察机关往往不能亲自去纠察违法犯罪，只能提出相对柔性的检察监督建议。③ 这种现象的原因是多方面的，尤其和国家机构间的关系相关。虽然随着全面依法治国的推进，社会的法治氛围在不断改善，

---

① "检察权走向独立、走向强化是各国司法制度改革的共同趋势和发展规律。"参见王杰：《依法独立公正行使检察权》，载《前线》2014 年第 6 期。

② 王素君：《论检察官独立的现实路径》，载《学理论》2010 年第 3 期。

③ 许舰：《议民事检察监督中运用检察建议的程序问题》，载《天津检察》2014 年第 2 期。

由被监督机关自行纠正的效果也比较好，① 但总体上来说，为了更好地强化检察机关的法律监督效果，有必要对刑事监督职能进行强化。一是完善并强化检察机关对公安机关、监察机关侦查调查措施、侦查调查行为的监督。如果检察机关认为侦查机关的强制措施涉嫌违法，那么就有权撤销侦查机关的强制措施并通知侦查机关执行，② 同样，对于监察机关的调查行为、强制措施也应当纳入监督之下。二是应当赋予检察机关停止违法行为，要求变更案件承办人或者改变案件管辖的权力。对于被监督的机关或其上级机关，应当自收到要求之后在一定期限内作出更改的决定并将结果通报检察机关，若因法定的特殊情况未作出更改的，应当书面说明原因。三是应当赋予检察机关在刑事诉讼的监督中对违法的案件办理人追责之权。对于违法办案的主要责任人或直接负责人，检察机关可以向其主管机关或相应的监察机关提出给予处分的要求，相关的机关应当对要求认真考虑处理。如果相关机关不予处分，则应向检察机关书面说明原因。③ 四是应确立犯罪嫌疑人或其近亲属、利害关系人对公安机关、监察机关采取的强制措施不服时向检察机关提出申诉的权利。尤其是拘留、留置等限制人身自由的措施，涉及公民最基本的生命安全和人身自由的宪法权利，因而由检察机关进行审查和调查是可行的。五是应当在刑事司法领域授予检察机关一定的违法行为调查权，且该调查权应以一定的强制手段作为保障。

三、强化民事检察监督职能

民事检察的工作重点在于解决修改后的民事诉讼法执行中出现的新问题，进一步适应监督格局多元化，加强队伍建设，努力提升监督质量和监督水平。④ 当前司法实践中，检察机关的民事法律监督存在不少问题，很有强化的必要。首先，检察监督形式不够丰富。根据民事诉讼法相关规定，检察机关的监督主要是事后监督，这种被动发现和纠正民事诉讼主体违法行为的特性决定了检察机关监督实效性不足。其次，监督权上移导致

---

① 万毅：《论检察制度发展的"东亚模式"——兼论对我国检察改革的启示》，载《东方法学》2018 年第 1 期。

② 有论者指出："在我国当下没有预审法官或治安法官的情况下，如果由法院行使批准逮捕权，则法官集批准逮捕权与审判权于一身，不符合权力相互制约和人权保障的法治原则。"

③ 夏黎阳：《民事行政个案再审检察建议之适用与完善》，载《法学杂志》2006 年第 5 期。

④ 郑新俭：《全面规范履责　着力推进民事行政检察工作》，载《人民检察》2015 年第 3 期。

负担集中。① 现行民诉法规定了上级检察机关的抗诉权，而实践中往往同级检察机关更了解案件的实际情况。这种抗诉权上移，导致了基层检察机关的监督权缺位，而压力集中到上级检察机关，不利于民事诉讼中的违法行为的监督和纠正。最后，民事调解和执行监督不力。民事诉讼法及相关法律对检察机关在民事诉讼中的监督职能规定比较粗略，如对生效的调解书的监督，就缺少相应的细致规定。

强化检察机关在民事领域的法律监督职能主要围绕三个方面进行。一是应当在民事诉讼中树立检察机关全面参与监督的理念。② 鉴于事后监督实效性有所欠缺，实践表明事前监督能更好地起到预防的作用。全面监督从理念到制度的设计，必须考虑到检察体制整体的改革，需要逐步推行。二是应对检察机关的抗诉职能作出明细规定。最高人民检察院于 2001 年和 2003 年分别颁布了《人民检察院民事行政抗诉案件办案规则》《人民检察院民事诉讼监督规则（试行)》，都对检察机关在民事诉讼中的抗诉职能进行了细致的规定，但有一些细节，如抗诉的时间和期限等尚未完善。三是应当强化检察建议的效力。检察建议尽管属于建议性质，但是基于检察机关的法定监督权，仍然具有相当的影响力，在一定程度上弥补了抗诉的不足。四是应当完善检察机关在民事案件执行中的监督权。"执行难"问题一直困扰着中国的审判体制，也是整个司法体制的一个难题。应当完善检察机关对案件的调查权及相应的配套机制等。有学者指出，如果检察机关不具有调查权，那么在当事人举证能力受到限制的情况下，法院的判决、裁定是否正确便将无法得到证明，从而无法真正正确有效地行使法律所赋予的监督权。③ 五是应当加强对民事调解的监督。调解是民事纠纷常用的解决方式。在诉讼爆炸的社会背景下，很容易出现法院为结案率的要求使用多种手段促成民事纠纷当事人双方达成调解。调解书是不可以上诉的，尽管可以通过再审来恢复主张自己的正当权利，但实践中存在多种因素让这种当事人主动通过诉讼的救济变得困难。由检察机关来介入对调解过程乃至结果的审查，有助于调解的公正性。一方面，可以允许检察机关在调

---

① 金石：《新修改民事检察监督制度实施现状、问题及完善》，载《甘肃社会科学》2018 年第 3 期。

② 童建明：《全面加强检察监督 深入推进司法体制改革》，载《人民检察》2017 年第 3 期。

③ 顾玫帆主编：《检察理论研究与司法实务》，中国检察出版社 2016 年版。

解过程中介入，制约调解过程中司法权力的运用；另一方面，注意好中间阶段的衔接过程，赋予检察机关在损害国家利益和社会利益情形中的调解的监督权，这也是法律监督权的重要体现。①

四、适时强化行政检察职能

中国检察机关依法享有对行政诉讼和部分行政执法行为的监督权力，由于处于转型时期，目前的检察体制在行政法律监督职能的强化上仍然存在一些问题。首先，事前监督与事后监督的冲突，检察机关的监督职能应该是贯穿整个行政诉讼的，② 但行政诉讼法及检察院组织法的规定却将检察机关的监督权限定于一定范围的抗诉权。实践表明，事后监督往往难以起到与立案、审理和执行中的监督同等的作用，造成了行政诉讼上的检察监督的虚置。其次，检察机关在监督行政诉讼中，很难从可操作的细节中体现出来。尽管行政诉讼法中规定了检察机关的监督权，但并没有落到实处。最高人民检察院曾出台一些法律解释类的规范性文件，未能有效地解决检察机关行使行政监督权问题；再次，检察机关在行政公诉中角色的缺失。有学者指出，公益诉讼还不完全等于行政公诉。③ 所谓行政公诉，是指行政主体的行政行为严重地违反了国家法律法规，损害了国家重大利益或重大公共利益，抑或是不特定人之利益，由检察机关代表国家提起公诉请求法院裁决的诉讼活动。在行政诉讼法的立法中，立法者往往假定了存在一个特定的利益受损的行政相对人，能够依法维护自己的合法权益。④ 这在大多数情况下是正确的假设，而在少数情况下，利益受损方可能是国家或整个社会，抑或是不特定的人，那么面对行政行为的强势地位，传统

---

① 正如有学者指出，从国家权力与公民权利之间的关系来看，二者的权限范围和相对地位决定了检察机关在民事领域的介入程度。换言之，公民对政府的依赖度和信任度不同，决定了公权力介入社会民事生活的广度和深度，进而影响着检察机关在民事领域的功能和角色。参见韩静茹：《民事检察权研究》，北京大学出版社2018年版。

② 徐益初：《论全面充分发挥检察机关法律监督职能的作用》，载《中国法学》1987年第4期。

③ 王玄玮：《检察改革前沿问题研究》，中国检察出版社2017年版。

④ 何海波：《一次修法能有多少进步——2014年〈中华人民共和国行政诉讼法〉修改回顾》，载《清华大学学报（哲学社会科学版）》2018年第3期。

的行政诉讼未必能发挥应有的效果。① 有论者建议，行政公诉受案范围必须与行政相对人自诉案件区分开来，避免监督越权和浪费司法资源。②

在当前阶段，应当建立一种行政执法和诉讼的信息分享和违法处理机制。第一，对公安机关或者监察机关应当立案而不立案的案件，在一定情况下，检察官可以直接立案。当然，借鉴已有的机制，此种情况下应当由同级人民检察院负责侦查，省级以上人民检察院负责批准立案。③ 第二，对于由公安机关或监察机关不应当立案的案件，应当赋予检察机关特定情况下直接通知相关机关予以撤销的权力。第三，应当赋予检察机关在一定情况下分享执法部门信息和案情的权力与相应的渠道或机制，可以要求在某些情形中，调阅或查阅或要求相关机关提供执法情况的说明。尤其对于监所执行部门在报送与刑罚相关的材料、案卷资料等情况时，同级检察机关或上级检察机关有权进行独立调查并提出检察建议。在这一过程中，应注意检察建议的权属定位，完善检察建议的相关系统规定，并适当建立一定的约束和申辩机制。④

对中国检察体制改革的基本设想，必须立足于基本国情，在总结中国的检察体制理论与实践经验基础之上，尊重检察规律，坚持公平正义的基本价值前提之下进行。从目前的司法改革背景形式来看，必须把握好对检察机关的界定。⑤ 首先，检察体制改革是对之前检察体制的继承与完善，而非断裂与否定。其次，检察体制改革是对人民群众需求的主动回应，而非被动应对。再次，检察体制改革改善了司法治理，提升了国家治理体系与治理能力。

对于检察体制改革的具体内容，笔者着重强调了检察机关的职能方

---

① 2018 年 6 月，河北省检察院与石家庄市军事检察院召开河北军地检察机关公益诉讼协作第一次联席会议。会上成立了公益诉讼协作工作领导小组，签订了关于开展军地检察机关公益诉讼协作工作的意见。在短短的半年之内，取得了公益诉讼的不错成绩。参见肖俊林：《绿色办奥运检察有担当》，载《检察日报》2019 年 2 月 18 日。

② 周树元、徐龙：《行政诉讼中检察监督权的强化》，载《山西省政法管理干部学院学报》2015 年第 1 期。

③ 孙振强、石超丹：《对不应当立案而立案检察监督的三重分析》，载《人民检察》2016 年第 21 期。

④ 有研究者深入分析了行政检察建议受制约的因素，参见李桂华、刘浩然：《检察机关行政检察建议监督方式研究——以广西某市一例行政检察监督为切入点》，载广西壮族自治区人民检察院、广西检察官协会编：《检察理论与实践》（第 1 卷），中国检察出版社 2016 年版。

⑤ 柳小惠：《新时期检察机关法律监督职能方向性探究》，载《人民检察》2018 年第 13 期。

面，而对检察机关的组织、结构、人员及保障制度的论述较少。这是因为，后者的改革与经济发展水平紧密相关。随着中国经济的迅猛发展，检察工作的后勤保障有了很大改善，这是一个自发改进的过程，因而本书将重心放在检察机关的职能改革上。

第六章

中国检察体制改革的具体思路

2021 年 6 月，中共中央出台了《关于加强新时代检察机关法律监督工作的意见》，党的二十大又明确要求加强检察机关法律监督工作，完善公益诉讼制度，中国检察机关被赋予更重的政治责任，检察体制改革更加任重道远。进入新时代，面对新形势新任务，检察机关要深入贯彻落实习近平法治思想，从宏观与微观两个层面进行改革，充分发挥法律监督职能作用，助力国家治理体系与治理能力现代化，以检察业务的高质量发展保障经济社会的高质量发展，为实现中国式现代化、实现中华民族伟大复兴中国梦贡献检察智慧与检察力量，为世界检察制度提供中国方案。在宏观理论层面，检察体制改革应当主动适应形势发展变化，重点关注"四大职能"的协调发展，实现刑事检察、民事检察、行政检察、公益诉讼并行发展，最终使检察机关法律监督职能在新时代得到进一步优化。在微观层面，则应当以内设机构改革与职能转变作为检察体制改革的重要抓手，以此实现"四大职能"的整体发展。

笔者认为应当继续以深化内设机构改革为契机，着力配合"四大职能"的全面充分发展。一要做"专"刑事检察工作。重点强调刑事检察工作的扁平化管理，要求检察官一办到底，突出检察职能的专业化。二要做"深"民事检察工作。重点要拓展思路，厘清民事检察的规律，使之更富成效。三要做"大"行政检察。行政检察直接影响行政效能，因此要做好对行政机关的引领工作，实现双方互利共赢。四要做"精"公益诉讼工作。公益诉讼是检察机关的一项新任务，要明确它与行政检察的界限，重点把握其自身规律，发现问题与加强指导相结合，同时还须与有关行政执法部门加强联系。

在职能转变方面，既要强调各职能本身的发展，又要关注各职能间的协调发展，最终要使"四大职能"发挥最大效用。在刑事检察方面，要关注效率问题。一方面，需要对检察办案机制予以完善，尤其要使捕诉一体在办案质量和效率方面的优势得到充分发挥。另一方面，则需要关注繁简分流问题，重点全面落实认罪认罚从宽制度，保障当事人合法权益，充分发挥检察机关量刑协商的主动性。在民事检察方面，以对民事诉讼的规范监管为重点，在办案中拓展办案的思路，创新办案方式，同时注重社会影响及监督效果，争取在每个案件中都实现公平正义。在行政检察方面，既要增"量"，提高行政检察办案量，实现"有案监督"，又要保"质"，确保行政检察案件处理质量，做到"协同监督"。在公益诉讼方面，应当以问题为导向，以保障民生为价值诉求，一方面，坚持在法律规定下办案，另一方面，还应当积极稳步探索公益诉讼实践方式，并推动公益诉讼专门立法。

第一节　健全依法独立行使职权的检察保障机制

司法职权本质上属于中央事权，中国检察机关的一项重要职权就是保障国家法制统一，但是在当前检察机关人财物统归地方管理的情况下，检察机关不可避免地会受到地方的干涉。当前，最高层已经意识到这些问题。因此，在本轮司法体制改革中明确提出应当破除司法地方化，实行省一级人财物统一管理制度，① 笔者就此谈一些个人的理解。

首先，应强调减少外部干预，建立更科学的干部管理体制。实行省一级人财物统一管理后，还要建立科学评估机制调动检察人员积极性，提升个人业务能力。

其次，着力在全省调配检察资源，避免资源利用不均。在建立省一级统一管理后，所有检察官均由省一级统一管理，可以适当探索建立全省范围内调配检察官制度。

再次，重点提高检察人员待遇，形成长效保障机制。统一管理之后，要重点提升检察人员待遇，从物质层面提升检察官的尊荣感。

最后，在总结省一级统一管理相关改革经验后，应逐步过渡到中央直

---

① 具体论述详见下文检察机关权力保障机制改革部分。

管，强化党中央集中统一领导，确保检察权牢牢掌握在党和人民手中。司法权属于中央事权，特别是法律监督权，是保证全国法制统一的重要权属，应尽快总结省一级人财物统一管理的经验，适时启动检察机关人财物中央统一管理的机制设置。

第二节　建立高效的检察组织体系

要使检察权能得到有效的实行，必须依靠合理的检察机关组织体系。在国家监察体制改革背景下，检察权也在自我优化和不断改进之中。既往检察机关内设机构在中央和地方各不相同，机构名称、履行的职责都不一致，检察机关作为司法机关，履行的是作为中央事权的检察权，这种无序的内设机构设置显然既无法保证检察机关的正常履职，也无法及时回应现实改革需求。因此，必须对内设机构进行规范与统一，这是对各种改革需求的回应，也是检察机关一次系统性的结构重塑。

改革检察体制，必须将检察职能落实到底。准确来说，就是落实法律监督职能和贯彻落实检察体制改革的有机组成，重中之重在于提高检察机关法律监督能力。正如习近平总书记所指出的，各级检察机关要强化法律监督能力，促进严格执法、公正司法，保障人民利益，维护宪法法律权威。法律监督能力的强化，不仅要从提高检察人员办案能力、增强业务工作的教育培训等方面开展，更重要的是要从实施机制层面入手，构建完善保障检察职能落实的制度，实现制度性调控。

一、检察权组织体制改革

从内设机构的改革逻辑来看，应依据组织法逻辑或者诉讼法逻辑来展开，坚持以检察职能为中心，扁平化管理为重心，力图做到业务部门分工的精细化，并且最大限度地将资源向业务部门进行倾斜。[①] 当然，改革还在路上，未来还有更长的路要走，但是仍须注意，在以后内设机构改革中

---

① 张建伟：《逻辑的转换：检察机关内设机构调整与捕诉一体》，载《国家检察官学院学报》2019 年第 2 期。

要把握以下几条主线。①

一是始终围绕党和人民的需求展开内设机构改革。检察工作直接关乎党的领导和人民利益。因此，承担检察职权的内设机构在设置时必须要顺应党和人民的实践需要。一方面，要坚持党的绝对领导，从制度安排上发挥党的领导这个最大的政治优势，严格遵循党把控政法工作政治方向的原则。另一方面，要坚持以人民为中心。现阶段，人民群众对民主、法治、公平、正义、安全、环境等方面有着更高的需求，这不仅体现在刑事案件处理中，还体现在民事、行政案件和公益诉讼案件处理中。为此，应当进一步扩大民行部门权限，在民事、行政监督检察及公益诉讼方面探索新的检察方式。

二是检察体制改革应当突出不同检察权运行的特点。具体而言，对于刑事案件的处理，要重点强调"捕诉合一"需求，不再进行内部监督制约，妥善行使批捕权与公诉权，探索建立符合中国国情的刑事侦查调查行为、刑事侦查调查措施的司法审查和令状许可制度。建立单独的公益诉讼部门，强调运用诉讼方式解决特殊公益案件。基于民事检察监督和行政检察监督的特殊性，分设民事检察监督和行政检察监督部门。

三是始终突出检察工作的专业化。应当坚持按照案件类型组建专业化办案机构，不应存在不同内设机构之间存在交叉的情形，借助这种纯粹的功能组合机制，统一履行各项职能，整体提升检察官的业务能力，提高办案质量与效率。

四是始终保持上下级检察机关业务一致。为了保证检察机关能很好地履行法律监督职能，提升专业化、规范化建设水平，机构改革应当着重强调上下级对口要求。各级检察院原则上内设机构要与最高人民检察院一致。当然，这种一致不是绝对的一致，而是总体一致，重在强调保持上下级之间存在对口内设机构，保证业务处理的一致性，从而提升整体检察效果。②

二、刑事检察职能体制改革

刑事检察作为检察职能的主要内容与核心部分，其工作质量的好坏直

---

① 李乐平、韩彦霞：《检察机关内设机构的完善逻辑》，载《人民检察》2018 年第 1 期。
② 检察日报社评：《内设机构改革势在必行恰逢其时》，载《检察日报》2019 年 1 月 7 日。

接影响检察机关整体的公信力与权威，更决定着司法正义的实现效果。就长久以来的司法实践看，检察机关的刑事检察职能虽逐步得到贯彻，尤其在未成年人检察、刑事执行检察等方面取得了突出的成绩，但对于侦查监督、审查批捕、审查起诉等检察核心职能方面，仍存有较多复杂的问题，影响实践中的办案效果与办案质量。笔者认为，刑事检察职能实施机制的改革，应当找准问题症结，针对阻碍办案质量与效率的核心问题、关键问题作出对策。

（一）完善侦查的监督与引导机制

作为宪法规定的办理刑事案件的"三机关"之一，检察职能的核心在于有效行使刑事案件之控诉权。事实上，检察体制创设之目的即在于革除纠问制诉讼控审一体的弊端，通过侦查、审判的阶段拆分，使法官与检察官相互制约，并形成三面诉讼的结构。现代刑事诉讼以检察行使控诉权为其基础，控诉职能乃检察权之核心与基石所在。如何保障控诉的有效性？其关键就在于侦查质量的把握，换言之，有效追诉取决于侦查质量——只有查明的案件事实、获取的案件证据符合起诉的法定标准。

提高办案的质效，从源头上看，就是要有效监督侦查活动，使侦查质量满足起诉乃至定罪量刑的标准，这即要求检察机关能够通过制度安排，有效介入、监督并引导侦查机关，在证据收集、取证合法性控制及证据审查等方面实现证据的真实性、合法性、关联性确认。此外，对于侦查质量不高，必要证据缺乏的案件，检察机关还应通过有效的补充侦查机制予以补强，以实现办案质量与办案效率的共同提升。正如张军检察长所指出的，要在保证办案质量的前提下进一步提高办案效率，统筹调配检察力量，加大介入侦查引导取证力度，完善退回补充侦查机制，必要时加大自行补充侦查力度。

笔者认为，要明确侦查机制，必须从法律层面介入。就检察介入侦查而言，根据刑事诉讼法规定，必要的时候，人民检察院可以派人参加公安机关对于重大案件的讨论。然而该介入机制仅限于此款规定，其中，"必要的时候""参加""重大案件""讨论"这些语词显得语焉不详，似乎检察机关仅能列席会议参与讨论，至多向案件的侦查人员提出建议，缺乏必要的、具有强制力的实施机制。在未来，首先建议立法者在总结各地实践的基础上，将检察介入侦查制度甚至指挥侦查制度纳入法治，就启动条件、介入程序、引导规范以及建议效力等方面予以细化。其次要细化法律与司法解释中的补充侦查规定。补充侦查的意义在于补强案件的侦查质量，使侦查继续发挥准确发现事实、保障实体正义之功能。但刑事诉讼法对该项制度之规定却并不周延，除职能赋予与次数限制外，未就制度的条件、程序等予以明确，反而使得该项权力在实践中出现了滥用与误用之现象，应当针对补充侦查的启动事由、运作程序、时间限制等予以明确，进一步规范制度的运行尺度。

（二）推进审查逮捕的诉讼化改革

在中国刑事诉讼中，对公民的基本权利干涉主要体现在逮捕措施上。对"审前羁押"的司法审查，不仅是对人权保障的要求，同时这也是各个国家的通例。但是，中国在审查批捕上却只是仅仅在形式方面上作出了审查，而没有在合理审查上作出实质的建构。人民检察院批准逮捕的程序始终依书面审查的方式进行，显得行政性有余而诉讼特征不足。这种审查逮捕模式，仅具司法机关之"名"，而无司法行为之"实"。

这种审批式的逮捕批准模式，很难保证检察官中立、客观地作出判断，导致逮捕质量普遍偏低，审前羁押量居高不下。对比其他法治发达国家，针对犯罪嫌疑人、被告人适用的以剥夺人身自由为手段的强制性措施通常必经司法化审查、具备诉讼形态，而对于审前羁押更是如此。在当前推进"以审判为中心"诉讼制度改革的背景下，逮捕审查作为刑事诉讼的重要内容，关乎公民基本权利，理应从司法属性出发，在现行宪法与法律的框架内进行司法化改革，通过审前程序的司法控制实现良法善治。

目前，中国多地均开展了审查逮捕听证程序的试点，反馈积极，成效喜人。听证会由检察官中立主持审查逮捕诉讼化，控制听证节奏，并且明确其中争议的焦点问题。作为控方的侦查机关来说，必须提供相应的信息及证据材料，来证明所指控的犯罪嫌疑人所犯之罪，且具有的社会危害性。作为犯罪嫌疑人的辩护律师参与审查逮捕，协助犯罪嫌疑人更好地行使辩护权利，同时推动审查逮捕程序的有效运行。笔者认为，在总结实践经验的基础上，有必要将逮捕诉讼化审查机制以规范性文件的方式固定下来，并在全国范围内予以推广。

（三）坚持"捕诉一体"的改革方向

就审查起诉职能改革而言，其行使仍须以提高案件办理的质量和效率为基准。前文已述，控诉乃检察机关的"主责主业"，而审查起诉则是控诉职能得以有效行使的最重要也是最核心的阶段。由于受制于案件的侦查质量，使得审查批捕部门很难以公诉标准进行侦查质量把关与有效控制，从而无法助力公诉部门实现"进一步提高公诉质量"之目的。在最高人民检察院的领导下，各级人民检察院已经推行"捕诉一体"改革，意图使审查批捕与审查起诉统一贯彻案件的定罪标准，实现对案件质量的流程性控制。

张军检察长指出，刑事检察中存在公诉部门的工作与侦查监督部门、刑事执行检察部门的工作发展不平衡的状况。这种情况既导致了检察机关内部工作分配不均衡，更构成了提高办案质量与办案效率的阻碍。解决这个问题就应当坚持"一类事项原则上由一个部门统筹、一件事情原则上由一个部门负责"这一改革思路，以内设机构改革为突破口，重组办案组实现"捕诉一体"。这样不仅能实现类案的专业办理，以提高办案效率，也可以达到案件质量从审查批捕至审查起诉的全流程控制，从而使办案质量得到保证。

具体而言，其一，捕诉合一改革，通过将审查批捕与审查公诉职能集于一个部门（在个案办理中集于某一检察官或办案组），统一侦查质量标准、整合侦查控制手段，促使侦查按照起诉要求进行，从而突破制约办案质量之瓶颈。其二，因逮捕与起诉审查主体的同一化，减少了案件审查的工作量，使整体的审查负担得以减轻，从而提高案件的办理效率。"捕诉一体"是刑事检察职能实施机制中的关键基础与重要一环，应当在未来的检察实践中予以坚持。

三、民事、行政、公益诉讼检察职能体制改革

民事、行政、公益诉讼检察体制虽然早已规定于相关法律法规中，但实施效果及社会影响却远不如刑事检察。作为一项后发制度，如何在司法实践中贯彻落实民事、行政检察职能，是决策者必须深入思考并作出回应的问题。尤其在公益诉讼制度、抗诉制度及行政执法监督方面，需要改革者引起重视，在目前的制度现状与实践基础上作出科学、有效的制度

安排。

（一）公益诉讼实施体制的完善

检察机关提起公益诉讼主要是因为检察机关是法律监督机关，虽然检察机关行使公益诉讼权具有正当性，但公益诉讼制度本身却在实施机制方面存在一系列问题。

首先，公益诉讼的起诉与案件范围尚不完全明确。民事诉讼法第58条规定，民事公益诉讼的提起范围为"污染环境、侵害众多消费者合法权益等损害社会公共利益的行为"，然而"等"的表述却存在"等内等"与"等外等"两种解释。同时，行政公益诉讼也存在同样的问题，"生态环境和资源保护、食品药品安全、国有财产保护、国有土地使用权出让等"的表述亦显得不够明确，理论界对这些表述的解释存在分歧。这一模糊性问题可能导致因检法理解偏差产生诉讼不被受理的难题，建议两高共同出台司法解释对该款规定作出明确。

其次，按照2015年《检察机关提起公益诉讼改革试点方案》的规定，检察机关在民事、行政公益诉讼中的称谓都是"公益诉讼人"，但不论在民事诉讼学界还是行政诉讼学界，这一规定都产生了相当多的争议。核心问题在于，在检察机关作出当事人参与公益诉讼时，其法律监督权亦在诉讼中始终存续——如何处理"法律监督者"与"公益诉讼人"之间的矛盾，需要决策者慎重考量。

最后，在检察机关参与的公益诉讼中，还存在着一系列的程序问题，例如，诉前、诉讼程序在运行中的衔接不顺畅，在权利义务方面，还存在着不清晰的问题。这些问题都可能对检察机关在公益诉讼中的有效参与、职能行使产生阻碍，理论界应当加紧研究，以为改革者提供智力支持，最终实现制度的进一步完善。

（二）民事、行政抗诉实施体制的完善

民事、行政抗诉权与其他检察职能一样，也是由检察机关的法律监督权发展而来。在民事诉讼、行政诉讼中，检察机关的抗诉职能，能对审判权、行政权形成有力制约，实现救济当事人的权利。然而，民事抗诉权却存在一定程度被滥用的可能，而行政抗诉职能则很少在实践中启动并发挥实效，两类抗诉实施机制都存在相应问题，亟待通过制度改革予以完善。

就民事抗诉权而言，由于抗诉必然将启动再次审查，这就造成了一个矛盾的场域——审判的终局性消失、败诉方诉诸检察机关、检察权与审判权对抗——必然造成民事诉讼结构的动荡。基于审判权的特有性质，检察机关的民事抗诉权应当在一定程度内进行限缩，而这可以通过强化规范层面民事抗诉权的制约机制得以实现。笔者建议：其一，应当明确民事抗诉职能的边界，对非当事人申请且生效裁判无关公共利益的，检察机关不应依职权提起抗诉。其二，在调解书方面，检察机关不受理当事人对侵犯自身合法权益的请求。其三，除非有正当的理由，否则检察机关不应受理未提起上诉之一审裁判的当事人提出的抗诉申请。其四，对于再审的申请，应限制当事人的期限与次数。

对于行政抗诉权，其理论基础中蕴含的矛盾则更为深刻。行政诉讼本就是司法权对行政权涉及事项的裁断，在现代法治框架下，这两种权力在诉讼的场域中可以达成有效平衡，而在审判权之外再行构建一个监督审判权的行政抗诉权，必然将导致原本行政权与司法权达致的平衡被打破。也正因如此，学界一直有取消行政抗诉权的声音。其实，实践中这一制度的缺陷也十分明显，体现在司法解释、审级问题、抗诉审理的异化等诸多方面。笔者认为，首先，应当明确行政抗诉案件的范围。建议法院对抗诉行政案件进行全面审理，而非聚焦于抗诉理由或申诉理由。其次，检察官不应参与抗诉案件的诉讼程序。作为事后的法律监督，当抗诉决定作出时，监督职能即告完成，再启动的诉讼程序中并无抗诉者的位置。最后，应当尊重当事人的处分权。若当事人未提出抗诉申请的，即使检察机关发现案件存在错误，非基于公共利益，不得向人民法院提出抗诉。

第三节 建立合理的检察权运行程序

根据现行法律规定，中国检察权运行程序整体上呈现三方面特点：一是以事后监督制约为主，事前主动监督制约为辅；二是以内部监督制约为主，外部监督制约为辅；三是以监督为主，制约为辅。随着法治建设的发展，检察权的运行程序需要进行改革。针对上述特点，完善检察权的运行程序需要在若干方面进行优化。

一、完善刑事检察权运行程序

（一）侦查监督应变事后被动阅卷为事前主动引导

侦查监督事关公民基本权利，是检察权的核心功能。目前中国的侦查监督主要集中在个案微观层面，通过在事后阅卷的方式，积极引导侦查活动。但这种监督方式存在事后性、书面性和个案性的特点，监督效果有其局限性，也往往缺乏持续性效果。在检察权运行程序改革中，需要着眼于主动引导的长效机制加强宏观指导工作力度，检察机关应当采取主动性的事前监督取代被动性的事后监督。为此，有必要建立健全检察机关与公安机关的侦查监督沟通机制，通过定期与公安机关互动引导侦查规范化和法治化。这种沟通机制需要具有长期稳定的属性，可以通过侦查合法性专题宣讲，讲授最新法律法规及司法解释，加强侦查监督相关培训，对社会热点案件主动介入和强化信访渠道拓宽案件信息来源，及时跟进人民群众关心的社会案件，解决侦查监督过程中检察机关信息不对等导致的监督乏力问题。除此之外，还可建立电子化办案信息共享平台，由公安机关提供侦查秘密之外的案件信息，给予检察机关主动介入侦查的主动权。

（二）建立新型案件、重大敏感案件信息共享与沟通机制

中国社会发展速度较快，新型案件、重大敏感案件及其法律问题层出不穷。这些新问题往往要求相当专业的法律知识和相关领域的专门知识。在执法司法过程中，公安司法机关仅凭一家之力有时难以应对办案需要，对相关问题的法律监督要求也不够明确。一方面，检察机关通过及早介入案件处理，能够第一时间了解案件事实和法律争议，对法律监督工作规范化和法律动态的及时性大有裨益。另一方面，办案的公安司法机关通过与检察机关进行信息共享和沟通，可以形成司法资源的整合和办案合力，避免畏难情绪和消极应对现象，杜绝法律监督漏洞的形成。这种新型案件和重大敏感案件的信息共享与沟通机制，对法律监督专业化和常态化将会发挥积极作用，能够帮助检察人员聚焦案发一线的新问题，全面提升检察权对新型案件的监督水平。

在建立信息共享平台和沟通机制过程中，可以适时设立联络员岗位，专人驻所办公，及时掌握一线真实信息，专门负责刑事检察权运行中的信

息共享和沟通。此外，针对重大敏感和新型案件，检察机关可以根据案件类属组织有针对性的法律监督指导小组，专门负责特定类型案件的专业指导工作，通过不断积累经验发挥智力和知识支持作用。

二、完善民事、行政检察权运行程序

一是赋予检察机关民事、行政案件的调查取证权。法律监督必须以事实为基础，没有调查取证权，极容易与审判机关产生分歧和对立，降低监督效果。二是细化民事、行政检察监督的范围和原则。首先是检察机关不直接干预原则。根据宪法的规定，检察机关独立行使监督职权，其目的不是干预、影响法院的审判工作，而主要是督促法院适时进行自纠自查，杜绝违法或不当行为，从而实现司法公正。其次是维护公民权利原则。民事诉讼尊重当事人的意思自由和处分权，与此相应，检察权在民事审判监督中应以维护当事人权利主张为核心，避免出现公权力过分干预私权，对维护当事人权利造成不利影响。在行政诉讼中，维护行政相对人权利仍然是诉讼的根本目的。在此意义上，仍然需要从如何维护行政相对人合法权利为出发点和归宿点进行法律监督。最后是同级监督原则。即监督主体和被监督者应当是同一级别，以保障监督的便捷和效率。三是建构多元化民事、行政检察监督途径。目前，中国检察机关对民事、行政审判监督的途径之间容易形成重复或交叉，特别是针对复杂民事、行政案件时，往往多种监督方式竞合，容易导致各地实践莫衷一是，造成法制不统一现象。为此，应出台细化规定，采取可操作性强、共识广泛的途径。在实践中，检察建议是被广泛使用且效果最好的一种途径，立法机关和最高司法机关应适时制定或颁布相关细则，明确检察建议权的法律地位、法律效果及具体的操作程序，以便检察权在民事、行政审判监督中更好地发挥作用。

三、建立关联部门横向协同机制

检察权的运行需要从完善国家治理体系和提高国家治理水平角度建立部门之间的联动协同机制，法律监督过程中发现的问题往往是社会矛盾或社会弊端集中之处，涉及政府工作的方方面面，甚至还会存在许多历史遗留问题。对此，唯有从社会综合治理和部门协同的维度才能及时有效地化解矛盾解决问题。这就要求检察机关在行使检察权时要有积极参与社会管理的意识，善于结合社会管理问题进行切实的调查和研究，密切关注当下法律监督的热点问题，对在法律监督过程中发现的管理漏洞、制度缺陷及时向有关部门建言献策，做到未雨绸缪。为此，检察机关需要加强完善法律监督与政府职能部门相衔接的工作机制，积极开展违法行为预防工作，促进国家治理体系的完善和国家治理能力的提高。

第四节　建立有效的检察监督体制

对监督者的"反监督"，是检察机关在未来改革发展中必须要解决的问题，该问题是否能得以解决直接关乎检察体制改革的成效。[①]

一、外部"权力"监督体制改革

外部监督机制以其公开性、依法独立行使职权、中立性等特征而在实践中被广泛适用。针对外部监督机制的制约主体以及权能来源的不同，又可将外部监督机制区分为外部"权力"监督机制和外部"权利"监督机制两大类。所谓外部"权力"监督是外部国家机关依据其权力而对检察权行使的适法性进行监督的各项机制的总称。

（一）人大机关对检察权的监督

根据宪法的有关规定，目前人大主要通过两种方式对检察权的行使进行监督。一是人事任免监督。宪法规定，对各级检察机关检察人员的人事任免由各级人大机关享有。基于此，人大机关可以对检察机关展开人事监督。二是业务监督权。人大机关依据宪法有关规定可以对检察机关行使检察权的状况进行监督，具体方式可以包括听取报告、执法检查、视察以及对重大违法案件进行个案监督等。当前，对于人大监督主要存在两大难题，一是个案监督的适法性问题，二是人大机关业务监督如何与检察机关独立行使职权相协调的问题。

---

① 林贻影：《中国检察制度发展、变迁及挑战：以检察权为视角》，中国检察出版社2012年版。

1. 个案监督

20 世纪 90 年代以来，许多地方开始制定地方性法规用以规制个案监督。至 2006 年，中国已有 30 多个省市制定了相关规范。在实践中，各级地方人大运用个案监督方式纠正了部分冤假错案，在取得良好社会效果的同时深受群众喜爱。因此，个案监督仍会存在于人大机关监督的框架体制下。

个案监督目前仍有现实意义。一方面，中国目前正在法治现代化的进程中，各项制度尚处于完善中，不能回避的是现实中仍存在不少冤假错案，因此借由人大进行外部监督，纠正错案的做法应予肯定。另一方面，人大机关作为公众利益的代表，由其直接参与个案监督，有利于导正社会风气，实现公平正义的价值目标。当然，个案监督虽有诸多益处，但也存在不少需要改进之处。具体而言，一是应当明确"重大典型"违法案件的类型，避免随意启动监督。二是不得随意干预尚未处理完结的案件，否则会干预检察机关独立行使检察权。三是个案监督应当以检察机关自行纠正为主，避免对检察机关权威造成过度干预。

2. 人大监督与检察机关行使检察权之协调

如何既提升人大监督效力，同时又将人大的监督转化促进检察机关履职的动能，从而使二者协力共进已经成为摆在人大监督面前的一项重要课题。笔者看来，未来可以从以下两个方面着手改进。

其一，强化人大机关对检察机关履职的监督。近年来，涉检信访的案件占有较大比例，对检察机关的司法权威造成了严重的影响。为此各级人大应当适时开展有关监督活动。同时为了提升监督效果，还应进一步赋予人大监督某种强制力。如拒不履行职责的行为可以提出纠正意见，并将之纳入检察机关的考核标准。[1]

其二，将人大监督转化为履职的保障。人大作为国家权力机关，各级政府同样需要向人大负责。此时，各级检察机关应当积极邀请人大代表"走进来"，使他们真正进入实际检察工作。在视察过程中，检察机关应当积极回应代表询问，同时提出自身工作困难。一方面，可以提请人大通过有关检察权的行使细则，使其助力检察工作。另一方面，也可以将有关困难告知人大代表，经由人大及时反馈给政府，使有关部门及时提供履职的

---

[1] 汤维建、徐全兵：《人大对检察机关的监督研究》，载《中国刑事法杂志》2014 年第 1 期。

物质保障。①

（二）监察机关对检察权的监督

当下，由于当前学界的目光主要聚焦于检察机关对监察机关的监督方面，如检察机关如何通过审查起诉权来规范监察调查行为。但是对于监察机关如何对检察机关进行监督，学界则较为忽视，未形成理论争鸣。② 实际上，监察法也赋予了监察机关针对检察机关的监督权，而学界却未及时进行回应。依据监察法第 47 条第 4 款的规定，这种监督权主要包括对检察机关不起诉决定的复议权。尽管对这一监督权有明确法律授权，但是遗憾的是未见详细实施步骤。

为此，笔者认为未来对于这一监督权应当从两方面入手进行完善。其一，为提升不起诉决定自身的权威性，宜由检察委员会直接处理该类案件。在监察法第 47 条设定之初，考虑到腐败案件由监察机关主要负责人依法批准立案，基于这一特殊性，要求监察案件不起诉决定需要经过上一级检察机关批准。为进一步提升不起诉决定的正确性，体现检察机关对于反腐败案件的重视程度，应当要求不起诉决定需要由同级和上一级两级检察机关的检委会进行审查处理，检察官不可独自作出决定。其二，建立"一次复议制度"。由于不起诉决定已历经两级检委会的审查，在形式与实质层面都可保证不起诉案件处理的准确性，因而为避免其后发生监察机关"缠诉"情形，应当确立一次复议终局制度。当然，为了避免以后出现这种矛盾，检察机关亦应积极主动参与监察调查工作，建立两机关间的沟通协调机制，增强信息共享。③

（三）审判机关对检察权的监督

检察机关的公诉权作为一种求刑权，本质上是一种刑罚请求权。它旨在通过提供证据，请求法院对有关当事人施加刑罚，最终这一诉求能否达成还需要经过审判机关的审查判断，审判机关有权全部接受、部分接受或

---

① 张立、程巍：《自觉接受人大监督　做细做实做出成效》，载《检察日报》2010 年 2 月 26 日，第 3 版。

② 左卫民、唐清宇：《制约模式：监察机关与检察机关的关系模式思考》，载《现代法学》2018 年第 4 期。

③ 中共中央纪律检查委员会、中华人民共和国国家监察委员会法规室：《中华人民共和国监察法释义》，中国方正出版社 2018 年版。

者拒绝接受检察机关的请求权。从这一角度来看，公诉活动需要经过审判活动的检视，因而审判机关可以借此对检察权进行监督。但这种审判过程中的检验意味着只有进入审判阶段才可以实施，而这未免过于滞后，既不利于监督的展开，也不利于保障被告人的合法权益。因此，为使审判机关对公诉权进行有效制约，可以适当引入德国的起诉审查制度，将原来徒具形式的庭前审查转化为一种实质的起诉审查制度，通过这一不当起诉过滤机制，避免不合适的起诉进入庭审，有效遏制可能出现的公诉权滥用情形。①

为进一步贯彻依法治国原则，未来审判机关的监督机制不应仅限于对公诉权的监督，还应当适当进行扩展。如实践中，检察机关可以对自侦案件的犯罪嫌疑人径行实施刑事强制措施，而这不免与通行于法治发达国家的"法官保留原则"相抵触。尤其是这种侦诉不分也会加剧一般民众对检察机关滥权的疑惧。为此，可以采取二元化的刑事强制措施批准机制，即一方面保留检察机关对公安机关申请逮捕案件的批捕权，保障其行使中立的司法职能。另一方面，将自侦案件的批捕权转移至法院，从程序上保障程序的公正性，使被追诉人免于陷入更为不利的境地。

（四）侦查机关侦查权对检察权的监督

除人大机关、监察机关及审判机关外，享有刑事侦查权的侦查机关也对检察权的行使有监督作用，主要体现为两个方面。其一，对逮捕权的监督。对于检察机关作出的不批准逮捕决定，如果公安机关不同意或者有看法的，可以向作出决定的主体复议或者向其上一级的机关提出复核。其二，对不起诉权的监督。处理方法与上文的不逮捕相同。由于侦查机关与检察机关业务联系紧密，因而时常发生纠纷，双方经常出现矛盾，为避免侦查机关过度干预检察权行使，应当对这种监督机制进行限制，不宜过度依赖这种监督机制。

在笔者看来，未来可以从以下两方面入手予以限制。一方面，适度限制侦查机关的监督权。如进一步规范与细化可以进行复议、复核案件的类型与启动条件，对侦查机关监督权的行使进行适当限制，既保证侦查机关可以依法行使监督权，又避免滥行监督的情形出现。另一方面，进一步加

---

① 丁玮、赵沂河：《检察权外部监督制约机制研究》，载《中国刑事法杂志》2011 年第 1 期。

强检警信息共享机制，避免出现因信息不畅而导致矛盾发生，特别是当不打算拘捕、起诉嫌疑人或当事人的时候，应当及时与侦查机关进行沟通，认真听取意见。①

二、外部"权利"监督体制改革

在外部监督机制层面，除了外部"权力"监督机制外，外部的"权利"监督机制也有着不可替代的作用，即当事人、社会公众、舆论通过公民权利的行使，监督检察机关行使职权的合法性。

（一）当事人权利对检察权的监督

现代刑事诉讼中，考虑到辩方处于相对弱势地位，基于武器平等原则，会赋予当事人更多的权利，用以防止检察机关滥用权力以致影响自身合法权利的行使。总体而言，这些权利错综复杂，其中最受人瞩目的当数被追诉人阅卷权问题和被羁押人对刑事强制措施的异议权问题。

针对被追诉人的阅卷权问题，法律虽然已经有了规定，但有所不足。从权力监督的角度看，最为便利的制度应当是直接赋予被追诉人阅卷权。因为在实际案件中，被追诉人最了解有关案情，赋予被追诉人阅卷权可以帮助辩方制定有效的辩护策略，进而促使公诉权正确行使。从阅卷权的权利本源来看，作为一种资讯请求权的"变种"，亦应当属于被追诉人所享有。

对于被羁押人异议权问题，虽然刑事诉讼法、国家赔偿法都要求承担错案责任机关应当对被错捕、错拘的被追诉人进行赔偿，但是这一事后救济措施过于滞后，往往都来不及救济被损害的权益。因此，应当结合羁押必要性制度，建立完备的羁押听证与异议程序，保证被追诉人可以及时向有关机关提出异议，进而对刑事强制措施进行变更，借助这种权力制约，可以有效遏制检察机关不当适用刑事强制措施。

（二）人民监督员对检察权的监督

"人民监督员"制度是最具代表性和中国特色的公众参与监督机制，最早源于公众对检察机关职务犯罪侦查权的监督质疑。20 世纪 90 年代，有学者便观察到这一问题，提出应当接纳公众因素参与对检察权的监督。从性质上看，人民监督员制度是将抽象的"公民参与司法"权利向具体的

---

① 崔立美：《检察权外部监督制约机制研究》，载《河南警察学院学报》2011 年第 6 期。

"制约权力"权利进行转换的有益尝试，它的适用必将有利于保障检察权行使的公平与正义。①

2018 年的重大变革之后，人民监督员开始来源于新的制度环境和条件，原有的人民监督员制度囿于案件类型所限急需改善。笔者认为，为了应对新形势的要求，可以从以下两个维度对人民监督员制度进行形塑，重新焕发其制度生命。②

第一个维度，将人民监督员制度视为"捕诉合一"制度的配套措施。随着变革不断地推进和拓展，国家的目光开始从外部转向内部，对内部机构展开调整。其中一项重要改革措施就是"捕诉合一"制度。不可否认，"捕诉合一"制度会造成批捕、公诉职能的混同化，加深人们对检察机关的中立性的怀疑。因此，实有必要引入外部公众因素参与，消除公众疑虑，弥补"捕诉合一"所造成的制度缺陷，推动检察机关内设机构改革顺利完成。

第二个维度，将人民监督员制度的适用范围由刑事领域扩展到民事、行政、公益诉讼检察领域。在新形势下，检察机关未来将会侧重于民事、行政、公益诉讼监督职权的扩展。这也恰恰为人民监督员制度的拓展提供了机会，为了在未来更好地展开民事、行政、公益诉讼监督工作，应当将人民监督员制度纳入其中，从而助力检察体制有序发展。

通过这两个维度的拓展，发挥人民监督员制度的最大效用，使其可以有效吸纳外部意见，消解公众对检察权行使可能产生的抵触心理。

（三）媒体舆论监督对检察权的监督

媒体舆论监督不同于一般公众监督，它实际上是一类"特殊"的公众监督，承担着为公众发声的作用。一方面，它需要去近距离观察社会中发生的各类事件，通过报道来促进普通公众知情权的实现。另一方面，它又可帮助普通公众发言，使民众的诉求得到有效表达。基于这两点，检察机关理应重视媒体舆论对社会的警示、教化与促进作用。在面对媒体舆论监督时，应当尊重对方的工作，以开阔胸襟、包容大度的理念接受媒体舆论监督，以实现检察机关与媒体舆论的良性互动。③

---

① 徐鹤喃等：《检察改革与刑事诉讼法修改问题研究》，中国检察出版社 2015 年版。
② 陈卫东：《人民监督员制度应退出司法舞台吗？》，载《人民论坛》2019 年第 3 期。
③ 聂施恒、王淑敏：《对检察权外部监督制约机制的思考》，载《中国检察官》2006 年第 11 期。

当然，现阶段有关舆论监督的问题亦有不少，如不少媒体针对案件进行跟风炒作，夸大案件事实博取公众眼球，甚至试图干预检察权依法独立行使。为此，在检察机关理性、积极接纳媒体舆论监督的同时，行业监管和自律也是必不可少的，使其在法律规制范畴内行使自己的权利。具体而言，一方面，提高媒体从业人员的法治意识。要求媒体应当客观、公正地报道案件，客观中立，不偏向任何一方，作出的任何表达都应当有实在的依据。把握报道尺度，避免对案件进行过度渲染，加重公众对社会治安的疑虑。另一方面，加强对媒体行业的法律规制，言论、表达自由必须严守行为边界，不得逾越法律规定作出不当行为。还要加强媒体自身的法律修养，使其知法懂法，逐步由内而外地形成依法报道的自觉。

三、内部监督体制改革

所谓内部监督机制，是一种检察机关通过内部管理制度进行监督的机制，具体是指检察系统内部各部门之间、上下级之间通过内部管理协调机制相互对对方行使职权进行的适法性监督。①

从作用范围来看，它属于一种检察机关内部的监督，即所谓的"同体"监督。一般而言，人们对于这种"同体"监督的重要性及效果都存有疑问。但是，就当前检察现状而言，这种适应于新形势新需求的内部监督机制对未来检察体制改革的成功有着十分重要的作用。首先，本轮司法体制改革的侧重点已经由外部改革转为内部改革。这种转换并非意味着外部改革不再不重要，而是更强调"打铁还需自身硬"，因而未来会更强调检察机构自身的制度建设。其次，在 2018 年的国家机构职能变革中，检察院是受到影响最大的单位之一，一项重要的传统职权被剥离，这种职能的转移导致未来检察机关的改革重点必定落脚在拓展检察职能方面。通过提升在这些非传统业务领域的影响力，未来会将更多精力放置于民事检察、行政检察和公益诉讼检察方面。所谓"其身正，不令而行；其身不正，虽令不行"，未来检察机关只有通过自我约束塑造理想形象，用以回应外界对扩充检察权权限的质疑。最后，"捕诉合一"改革需要内部监督机制加以辅弼。对于这次改革，最受外界质疑的一点就是这种"合一"破坏了既有的内部监督机制，加深了外界的忧虑。因应于本次内设机构的"捕诉合

---

① 单民、薛伟宏：《检察权监督制约机制研究》，载《人民检察》2012 年第 17 期。

一"改革，必须建立新的内部监督制约机制，消弭各方质疑。①

在笔者看来，未来的内部监督机制可以从"事前——事中——事后"着手，建立一种"三位一体"的、高效优质的内部监督机制。

（一）内部事前监督机制：权力清单

随着司法体制改革的不断深入，目前在各级检察机关业务处理方面基本呈现出"检察长——检察官——检察官助理"的合理管理模式，而建立有效的内部监督机制的前提条件之一，就是要科学设置权力清单，以此厘清各方职责。

对于权力清单如何设置的问题，在笔者看来，应当针对检察长、检察官及检察官助理设置不同的权力清单。具体而言，首先，对于检察长而言，保留重大事项的决定权，如案件分配决定权、建议权、决定不起诉或撤销案件列入重大办案事项。其次，除上述重大事项外，将一般案件的决定权下放由检察官行使。最后，对于检察官助理而言，他们一般不得处理检察核心业务，作为检察辅助人员，主要负责一般文件的撰写、制发法律文书等相关业务辅助事项。②

（二）事中的监督机制：案件管理制度与检务督察制度

1. 案件管理制度

在新形势下，应当抢抓大数据时代的机遇，大力推进数字检察业建设，以统筹管理为视角对案件管理制度进行重塑，重点破除"信息壁垒"，积极将案件管理与案件办理相分离。借此，一方面可以使业务检察官有更多精力处理案件，另一方面由专门的部门进行案件管理，也有利于对案件进行全程、动态把握。③ 具体而言，可以从以下几点进行案件管理制度的完善。

首先，实施办案流程全程"信息化"。应当将所有可以进行信息化的流程统一上网，使得整个侦办的过程都可以通过视觉直观地查看，由此将

---

① 吕瑶、魏再金：《检察权运行内部监督制约机制实践探索——以四川省 A 市为样本》，载《中国检察官》2018 年第 15 期。

② 吕瑶、魏再金：《检察权运行内部监督制约机制实践探索——以四川省 A 市为样本》，载《中国检察官》2018 年第 15 期。

③ 郑雷、徐俊驰：《案件流程管理的信息化功能及其改进思路》，载《人民检察》2014 年第23 期。

各个检察环节进行连接，实行同步、全程、适时监督，及时督促规范案件处理。

其次，推进案件质量评查"常态化"。在整合检察大数据的基础上，研发智慧检务系统，用以辅助进行案件评查，以不定时评查、定情评查等方式展开常态化评查。

最后，建立检察系统内部信息交换机制。通过这一机制，一方面保障数字和信息的安全，另一方面则是促进数字和信息在整个体系内部，包括上级和下级、同级的各部分之间的流动，大家互通有无，以便及时处理，再一方面可以与其后的检务公开制度相衔接，及时开展法律文书的公示工作。[①]

2. 检务督察

2019 年，在中央的集中部署和领导下，原最高人民检察院监察局正式变更为检务督察局，主要负责巡回检查工作、督促法律实施、对违法违规人员进行问责追究、检查相关账目以及研讨、制定与前述工作有关的各项政策。未来检务督察将继续聚焦于"党务、业务、事务"三方面工作，就其检务督察的具体事权而言，应当着重关注检察风纪纠察及把握检察工作政治方向这两项工作。由于检务督察机关及相关理论目前还处于探索期，各地检察机关也都是在"摸着石头过河"。为此，笔者认为，未来可以从明确制定检务督察条例、建立严格的检务督察程序、尝试多种检务督察方式及完善检务督察部门人员结构等多方面入手，对检务督察制度未来的改进方向进行积极探索。[②]

（三）事后的监督机制：司法责任制与检务公开

1. 司法责任制

在内部监督机制中，要双管齐下，从事（业务的整体成效）和人（个人工作绩效）两个方面建构考核机制，通过这一评价体系，指引、督促和刺激工作绩效的上升。当然，考虑到检察官准司法官的定位，可以依据前述考核的结果作为参考来实施奖励，但并不适宜以此为依据进行惩罚，限制或剥夺某种利益。借助这种"有限度"的督促式的考评才能平衡检察官独立与检察业务管理之间的关系，从而有效保证检察官得以高效地完成法

---

① 丁西超：《案件管理与检察权内部制约》，载《中国检察官》2018 年第 15 期。

② 张绍伟：《新形势下检务督察职能思考》，载《楚天法治》2018 年第 25 期。

律所赋予的任务。①

2. 检务公开

检察机关应当积极展开检务公开,通过检务公开这种内部监督机制,一方面可以倒逼检察机关及其人员规范执法,遏制执法不严、执法不公等顽疾,另一方面,也可以保证公众的知情权,有利于提升检察公信力。②

随着大数据时代的来临,给检务公开改革的进一步深化也带来了新的可能。为此笔者认为,应当乐观面对这一趋势,积极运用互联网手段,探索检务公开的新方式。具体而言,可以积极发展检察机关自媒体,如结合微信公众号、微博等信息平台公开及时公布检察动态,回应民众需求。此外,还可以进一步扩展检务公开的范围,依托"人民检察院案件信息公开网"及时将各类重要法律文书进行公开发布,确保各项检察流程公开透明。③

总的来说,虽然外部监督机制有着公开透明等优点,但是也存在不少弊端。一是外部因素过多干预检察工作,可能会影响检察机关独立行使职权。二是外部人员多缺乏专业知识,可能会出现监督事项不当的情形。三是由于外部人员在检察系统之外,可能无法掌握检察动态,无法及时进行监督,造成监督延迟化。对于内部监督机制来说,它可以全程、适时地对检察权的运行进行监督,但由于"同体"监督的性质,使得监督效果有限,也缺乏公信力,且这种"同体"监督机制,虽然发现问题能力强,但纠错机制较为薄弱,更多需要依靠领导权威,这有违法治精神。因此,未来监督制度改革过程中应当重视两者的互补性,确保外部监督机制和内部监督机制共同发展,形成良好的制度互补,实现最佳监督效果。④

第五节 建立完善的检察保障体制

为保障检察机关"四大职能"得到有效贯彻,必须切实建立检察权

---

① 孔祥承:《德国法官职务监督制度及其对我国的启示——兼评〈关于落实司法责任制完善审判监督管理机制的意见〉》,载《河南财经政法大学学报》2018 年第 2 期。

② 魏建文:《检察权运行内部监督制约机制的构建》,载《中国刑事法杂志》2012 年第 4 期。

③ 江伟:《对"互联网+深化检务公开"的探索与思考》,载《人民检察》2017 年第 8 期。

④ 单民、薛伟宏:《检察权监督制约机制研究》,载《人民检察》2012 年第 17 期。

的保障机制。要建成这种保障机制，最关键的点就在于保障各项职权能够自主和依法得到运行。传统话语体系下，主要表现为两个方面：一为整个机关的自主（"外部独立"）；二为机关内部具体履职的人员的自主（"内部独立"）。前者指的是一种机构独立，系指司法机关应当独立于立法、行政等机关，在其行使职权时其他机关不得妄加干预。其中体现了这样一种理念：作为司法官集合的司法机关希望摆脱外部权力干预而独自行使司法权及管理内部司法行政事务。后者指的是一种个人独立，系指每一个作为单独个体的司法官应当独立地依据事实和法律对某项事项作出决定。基于中国检察机关的司法机关定位，它同样适用这两种独立方式。接下来，笔者将尝试保障这两种独立为主轴，对检察权运行的保障机制改革展开研究。

一、建立整体独立的保障体制

对于检察机关的整体独立保障，笔者认为可以从业务保障与物质保障两方面入手，保证检察机关整体独立行使职权而无后顾之忧。

（一）业务保障

对于如何保证检察机关的整体独立，进而实现检察人员的个体独立，笔者认为应当着重关注于提升上级对下级的"领导"，尽量从外部保障检察系统不为其他机构所牵制，避免丧失保障检察官个体独立的能力。具体而言，可以从以下几个方面提升这种"领导"权能，避免检察权被外部权力过度侵扰。

第一，建立高效合理的人事体系，增强检察机关整体依法独立行使职权。人事权独立是业务管理权独立的前提。为此，需要进一步扩大改革视野，强化整个系统，严格依照法律实施各项权力，使中国的法律监督机关真正地建构和形成。对于检察人事体制改革而言，未来的一个可能路径是：先行由省一级统管人事制度，后由最高法律监督机关直接管理并负责整个检察体系内部的人事问题。[①]

第二，重塑上下级检察机关之间的领导关系。上级检察机关较下级检察机关而言，无论在权力范围还是强度方面都显得更为强大。应当在保障

---

① 邓思清：《我国检察一体保障制度的完善》，载《国家检察官学院学报》2016 年第 2 期。

整体独立的方面发挥更大的作用，由其保障下级检察机关可以独立展开检察业务。具体来说，应当进一步平衡检察一体与检察独立两者之间的关系，明确上级检察机关只能行使检察指令权和人事任免权。在上下级检察机关业务管理方面，尤为重要的是需要明确检察指令权的实施范围，以此既保证上级检察机关在法律范畴内行使各项检察权，又明确划定了上级机关保障下级机关实施检察业务的范围。[1]

第三，大力推进跨行政区划的检察体系建设。为进一步消减地方化对检察整体独立所带来的影响，应当积极推进跨行政区划的检察体系建设。当前，有些地方已经开始此类试点，如不少地区将铁路检察系统转化为一种处理特定事务的跨行政区域的检察机关。笔者认为，未来还可以进行更深层次的探索，如参照现有做法，跨区域、跨地域地建立省级以上人民检察院的分支机构，借助这些分支机构处理某些与地方联系较深的特殊案件，以此保证检察机关依法独立行使检察权。[2]

（二）物质保障

财物独立是保障整体独立的物质前提，一旦财物供给受到地方政府的控制，那么检察系统的独立也就无从谈起。为此，应当继续司法体制改革的步伐，进一步开展检察机关财物独立保障机制改革。

目前，不少地区检察机关财物管理受制于地方政府，因此无力禁止他们影响检察业务，这对检察业务的开展极为不利，无法践行检察机关独立行使职权。因此，整体独立的物质保障必须要从财政经费来源方面动脑筋，尽量在完善财政拨付制度的基础上，消减地方政府对于检察机关财物的控制力。

考虑到中国是一个单一制的中央集权式国家，检察权作为司法权的一种应属于中央事权，但基于对现阶段财政体制以及各地特殊情况的考量，直接采用统一由中央机关统筹安排的方式尚不现实。为此，应当采取渐进式的思路展开此项改革。当前，中国已经在部分省市进行了省级财物统管。因此，应当在先期改革成果的基础上进一步深化改革理念，建立与完善检察系统内部的财物管理体制，严格确保各项经费支出合理合法，严控违反财经纪律的行为。在省级财物统一管理改革中积累相关管理经验，待

---

[1] 王娜、周杨：《论检察官的独立性》，载《福建警察学院学报》2014 年第 6 期。

[2] 邓思清：《我国检察一体保障制度的完善》，载《国家检察官学院学报》2016 年第 2 期。

未来时机成熟，可以向中央一级统管进行过渡。即全国检察系统的经费由财政部统一拨付，而最高人民检察院负责统筹各级检察院预算，由审计署统一部署进行财政审计，并向全国人大直接报告使用情况。[1]

从中共中央颁行的《中国共产党政法工作条例》可以看出，党之所以高度重视政治和法律事务，是为了维护国家政权的稳固，确保党的执政地位。相应地，党应当对检察权的行使进行把控。今后应当坚持《中国共产党政法工作条例》所确立的理念，由党委政法委掌握宏观政治方向，主抓政法工作的总体格局和运行体系建设，不宜过多涉足细务，直接干预具体检察案件。[2]

二、建立个体独立的保障体制

（一）人员身份保障

既往中国检察人员在遴选、惩戒方面与一般公务员的标准相同，这无法从身份角度对检察人员给予特殊保障提供正当性，为此应当建立符合检察职业特点的遴选、惩戒机制。有关遴选、惩戒机制的差异化与特殊化既是给予特殊保障的前提，也是检察人员独立行使职权的基础。

1. 遴选机制

建构和推进这一项制度，目标是为中国检察官群体的精细化、专家化提供基础和条件，它体现了国家和社会对检察官职业的高度尊重、认可，有助于提升检察官职业的尊荣感。通过建立高效的遴选机制，可以选拔专业领域佼佼者进入检察官队伍。

在历次司法体制改革中，对于检察官的遴选工作都极为重视。自进入21世纪以来，对检察官遴选制度进行了多次改革，制定和实施了不少改革措施，其中既有经验，也有不少教训，更发现了不少问题。如在检察官遴选方面，实践中就能够发现程序、主体机关有缺失等不足和问题，从而导致了当前中国检察官群体在精细化和标准化建设上的相对滞后。

遴选机制面对的第一道关口就是遴选机构的问题。从定位来看，检察官遴选机构应当关注于贯彻遴选制度的目标，即主要对申请人进行综合、全面考评，以期为国家遴选出合格检察官。从目前的改革现状来看，全国

---

① 侯智等：《检察权运行保障机制研究》，载《人民检察》2014 年第 3 期。
② 周斌：《党旗引领新时代政法事业谱写新篇章》，载《法制日报》2019 年 1 月 30 日，第 3 版。

普遍设置了省级的遴选委员会，并已经开始运行多年。但对于遴选委员会的具体设置，各个省市却有不同做法，包括学界和实务界在内均有不同的声音和主张。对于现阶段遴选委员会的组成而言，现在的人员构成比例仍属于"妥协"的结果，未来的改革应当更为注重遴选委员的专业性背景，尽量降低非专业的影响。具体而言，可以从以下几个方面进行改革。①

首先，明确遴选委员会的法律定位。在本次司法体制改革试点时期，针对遴选委员会的定位存在两种不同观点：一是认为应当在人大机关的架构下组建专门遴选委员会；二是认为应当建立一个独立于国家机关之外的第三方遴选委员会。实际上，在笔者看来，两者观点并不抵触，可以将其结合起来进行考量，即可以依托于人大机关，由其组织建立第三方遴选委员会。

其次，优化组织结构。笔者认为，应当保证遴选委员组成的专业化，制定严格的遴选人员组成标准。具体而言，要保证遴选委员会主任由具备一定影响力的专业法律人士担任，委员会成员可以多元化，可以包含实务界人士、政府及党务系统组织人事部门的人员，但是人数不宜过多，一般要保证是奇数。最好是建立专家库，每次遴选随机组成遴选委员会，一是可以保证委员会人员充足性，以备不时之需；二是可以避免人为操纵，保证遴选的公正性。

再次，明确遴选委员会的权限，应当将遴选委员会确定的名单定性为一种"推荐"。由于"党管干部"制度的存在，因此遴选委员会确定的名单只应属于一种建议，只不过这种建议在效力上相对较高，最终遴选名单的确定还需要经过组织人事部门的决定以及人大机关的任命。

最后，进一步完善具体遴选程序。对此可以从两个方面来展开，一方面关注遴选工作的精细化，将各种遴选规则明确化、精准化，保证各方有规可循。另一方面，强调提高遴选过程的透明度，为此应当及时将遴选规则、遴选结果及其他涉及遴选的重要事项通过各种平台向外界进行公示。

2. 惩戒机制

惩戒直接关乎检察官身份的保有，为此应当建立既能保障检察官正常履职，又符合司法规律的惩戒制度。具体而言，笔者认为可以从以下几个方面来展开。

---

① 杨承志等：《检察官遴选委员会设置问题研究》，载《人民检察》2017 年第 6 期。

首先，惩戒委员会的设置。从各地司法体制改革情况来看，对于惩戒委员会主要采取两种模式：一是"二合一"模式，仅仅针对选拔和追责设置委员会，分别主管司法官员的选拔和追责工作；二是"四合一"模式，即建立统一的法官、检察官遴选、惩戒委员会。笔者认为，从功能来看，遴选检察官需要考察其专业素质以及职业操守，这在某种程度上需要人事组织部门的人士参与其中。但是对于惩戒而言，它主要涉及一些司法专业的认定问题，并不需要非专业人士参与，因此不宜将过多非专业人员纳入其中。同时，为经济效益考量，也不宜分别设立遴选委员会、惩戒委员会，采取"二合一"模式是较为稳妥的。

其次，惩戒委员会委员的选任。对于惩戒委员会委员，需要注意以下几个问题。第一，不宜引入律师参与惩戒委员会。检察官和律师有时会作为对手参与法庭活动，因此为避免惩戒时发生不公正情形，不宜引入律师参与其中。第二，建立惩戒委员回避制度。为公平起见，应当设置相应回避制度，避免在惩戒中发生某些道德风险。第三，应当选拔有经验的检察官代表加入惩戒委员会。为提高惩戒委员会的专业性与代表性，也为了提升惩戒决议的可接受性，应当吸纳一些一线资深检察官进入惩戒委员会。第四，建立公开、公正的专家委员的推选制度。基于选任程序的透明性、公开性的要求，应当引入公示、公开制度提高公民的参与程度，进而提升惩戒委员会权威性与中立性。

最后，惩戒事由。在惩戒事由的限定方面上，理想的方案是只将办案责任纳入惩戒事由。结合现有司法规范性文件的意见，笔者认为，从目前来看，对于惩戒委员会审议的惩戒事项应仅限于涉及违法办案、违法检察责任的惩戒，不应将所有的违纪违法行为包含在内。惩戒委员会作为一个由专业人士组成的评议机构，其判断的事项范围应当是涉及司法的专业性问题，因此应当只对是否属于错案进行认定。

（二）物质保障

对于检察官个体独立的物质保障可以从人员分类管理和晋升与评估两方面入手，前者是给予检察官特殊服务保障的前提，后者确保检察官不因独立履职而被克减相应的物质待遇。

1. 人员分类管理

人员分类管理改革的目的是要让各类人员各归其类，各司其职，各尽其才，并以此进行差别化待遇，提升检察人员履职热情。具体而言，完善检察官等级物质保障机制，确保向一线办案检察官进行倾斜，建立领导职务和专业职务，实行区别化管理，确保有较高专业素养的一线检察官得到较高福利待遇。①

2. 晋升与评估

对于任何一个有志于检察工作的检察官，控制了他的晋升也就相当于控制了他本人。为此，应当建立科学的晋升与评估机制保障检察官可以依法独立行使职权。总体而言，应当建立一套既能提升检察业务水平，又可保证检察官独立履职评估制度。具体来说，可以从以下两个方面展开。

第一，评估主体。建立专门的检察官考评委员会作为本院检察官履职考核的主体，下设考核办公室，发挥组织协调、中立考评、专业评价的作用，甚至可以尝试聘请外部人员进行专项考评，从根本上改变传统的以业务条线为主管理和考核的情形，实现扁平化的横向管理考核。

第二，评估内容。应当对原有考核指标中不适当的指标进行剔除，如将单纯的批捕数、有罪判决数进行剔除，重点建立涵盖履职情况、办案数量、办案质效、司法技能等为主要内容的检察官业绩评价体系，同时严格限定评估结果的效力，评估结果只可作为晋升参考之用，而不得作为处罚依据。

（三）业务保障

除了保障检察官身份与物质待遇外，还应从业务保障层面，保障检察官可以依法独立履职。这主要涉及检察指令权的规范问题，笔者认为应当从以下几个方面来展开。

1. 检察指令权行使的范围和界限

对于指令权的行使范围，可以从积极与消极两个层面进行界定。在积极层面划定检察指令权适用范围。通常而言，指令权可以针对需要统一检察裁量标准的事项、需要统一法律解释的事项、需要提升检察效能的事项以及检察官可能发生误断或者滥权的事项行使。②

---

① 谭世贵、陈党：《依法独立行使审判权检察权的保障机制研究》，载《江汉论坛》2015年第10期。

② 杜磊：《论检察指令权的实体规制》，载《中国法学》2016年第1期。

2. 检察指令权行使的形式

从目前检察实践来看，检察指令权通常是在纸面上以文字书写，但很多时候也会通过说话作出。未来应当逐步将各种指令权行使方式规范化，即一般要求必须采用书面形式发动检察指令权，以此避免接受指令者误解指令真实含义。① 指令权实施的程序可分为两类：审批型与非审批型。其中，前者是中国检察指令权的主要行使方式，贯穿从立案到执行的各个阶段。除此以外，还存在许多非正式的，不以上述审批程序为标准的非审批型检察指令，这种非审批型检察指令不限于检察机关内部，也存在于上下级检察机关之间。②

3. 检察指令权的规范行使

在中国检察机关中，依靠审核与批准的命令一般是严格基于检察一体原则而衍生的指令权，因而偏向于刚性。一般对于这类指令检察官应当严格遵从，只不过应当逐步弱化这种类行政化的检察指令的作用，同时辅之以检察指令权异议制度予以弱化。具体而言，一方面，参考其他国家的做法，赋予检察官消极异议权与积极异议权。前者意指检察官接到指令后，若认为不合理，可以消极不执行。而后者则指检察官可以直接向更上一级进行检察指令异议申诉。③ 另一方面，赋予发出检察指令者一定司法责任，倒逼其不得逾越法律规定发出指令，如可以规定上级发出检察指令后，下级检察官若遵照执行，发生错案时，发布指令者需要承担全部或者主要责任。④ 至于非审批型检察指令，首先，要限定检察指令在法定范围内，只有适当的指令权才会产生法律后果，超出范围的一律视为检察指令不存在。其次，赋予检察官一定异议权，即他可以不服从相关命令。最后，保障检察官的豁免权。即除非触犯刑法，否则检察官不服从检察指令的行为不得在其后成为对其作出不利评价的依据。当然，上级也可以通过检察指令移转案件，将其交由其他检察官办理，但是如果其后发生司法责任问题，发布指令者则需要在过失范围内承担相应责任。⑤

---

① 邓思清：《我国检察一体保障制度的完善》，载《国家检察官学院学报》2016 年第 2 期。
② 杜磊：《论检察指令权的实体规制》，载《中国法学》2016 年第 1 期。
③ 向泽选：《检察权内部独立行使的模式选择》，载《人民检察》2014 年第 10 期。
④ 崔永东：《检察人员司法责任制体系的构建及其与检察权属性之间的关系》，载《上海大学学报（社会科学版）》2017 年第 5 期。
⑤ 杜磊：《论检察指令权的实体规制》，载《中国法学》2016 年第 1 期。

三、检察机关与监察机关的职能衔接改革

法谚有云，"徒法不足以自行"，检察体制改革还需要融入整个法律体系方可发挥最大效用。为使检察体制改革顺利展开，确保检察权的有效运行，还需要其他配套改革加以辅助，尤其是需要监察改革、侦查改革、审判改革及律师改革等进行呼应，对检察体制改革效果进行加成，以实现事半功倍的效果。下面笔者将就这些配套机制改革提出一点个人看法。

众所周知，在本次国家监察体制改革中，职务犯罪案件的侦办权从检察机关赋予了监察机关，为此，检察机关开始不断寻求转型，未来会不断增益其法律监督的范围与限度，而这就需要监察改革的配合。

从国家监察体制改革工作的实践看，在职能衔接方面，除了监察机关本身的职责之外，明确对接监察机关调查处置职务违法犯罪工作的检察机关职责任务，是确保监察执法与刑事司法运行的基础和前提。在理念培植上，监察执法与刑事司法有效衔接，有利于党中央和地方各级党委更好地依法领导开展反腐败工作，扛起全面从严治党和全面依法治国的政治责任；有利于司法机关在惩治腐败犯罪的职能活动中矢志不渝地把讲政治与讲法治结合起来，实现法律效果、政治效果、社会效果的有机统一。在工作对接上，目前全国检察机关均成立了职务犯罪检察专门机构，履行对监察机关移送案件的证据审查、采取刑事强制措施、补充侦查、依法起诉等职责。在案件管辖上，刑事诉讼法保留了检察机关在诉讼活动中对司法人员职务犯罪的侦查权，这一案件管辖的明晰，有利于维护司法公正，检察机关在查办案件中应及时通报监察机关，以便监察机关适时作出党纪和政务处置。

（一）监察机关与检察机关的关系

从检察机关与监察机关的关系来看，检察机关的法律监督属性没有因为监察体制改革的推行而改变，在某种程度上反而有日趋加强的趋势。根据监察法的规定，监察机关有权对涉及廉洁性问题的公职人员展开监察调查，而检察机关则继续履行法律监督职能。从这一点来看，两者实际上在监督范围层面已经形成了分野，并无抵牾。[①] 检察机关在实施监督时，会

---

① 姚建龙：《监察委员会的设置与检察制度改革》，载《求索》2018 年第 4 期。

将注意力主要放在对于具体事务的监督上，即倾向于对法律实施状况这件事实施监督，不同于检察机关，与纪检机关合一的监察机关则主要关注人的问题，监控出现了经济或职务违法犯罪情况的党员干部。①

（二）监察执法与刑事司法的有效衔接

中国是中国共产党领导的社会主义国家，党的全面领导是中国最大的政治优势。党管干部不仅管干部的培养、选拔、使用，还要对干部进行教育、管理、监督，对违纪违法的作出处理，这是坚持党管干部原则，加强党的领导的重要体现，是完善坚持党的全面领导体制机制的重要举措，深化国家监察体制改革，就是加强党对反腐败工作的集中统一领导。实现监察执法与刑事司法的有效衔接，不仅能够保障监察机关查办腐败案件的全程贯通，也能够强化司法机关在反腐败领域的政治站位。检察机关作为审查起诉的专门机关，在反腐败工作中继续发挥重要职能作用的一个体现方式就是有效衔接监察执法与刑事司法。监察法和刑事诉讼法对监察执法与刑事司法的衔接作了原则性规定，但在具体操作上还有待进一步细化。

笔者认为，当前应从四个方面进行细化。一是明确与细化检察机关对职务犯罪的提前介入机制。提前介入的案件范围应当是重大、疑难的职务犯罪案件。提前介入的具体内容应当限定在协助调查和准备公诉。检察机关提前介入应当秉持参与而不干预、参谋而不代替的原则。二是健全与完善案件移送机制。应明确监察机关向检察机关移送的材料范围及相关标准要求，特别是对于涉案财物应当明确随案移送，杜绝出现未经司法程序先行处理的情形。监察机关对于采取强制措施特别是采取留置措施的案件，应当出具书面的社会危险性证明材料。对于移送审查起诉的案件证据，应明确无法补正的证据和非法证据的具体排除情形，对于因排除相关证据后影响案件处理的应当建立责任追究机制。三是细化退回补充调查和不起诉后的案件处理机制。对于检察机关退回补充调查的案件，应明确在非因证据不足撤案的情况下，监察机关补充调查完毕后再次移送检察机关审查，杜绝自行消化处理。对于不起诉案件，若需要追究纪律或行政责任而未追究的，检察机关应当提出书面检察意见通知监察机关。四是明确部分职务犯罪案件的办理权限。在检察机关与监察机关互涉案件办理中，应当明确

---

① 马怀德：《再论国家监察立法的主要问题》，载《行政法学研究》2018 年第 1 期。

检察机关与同级监察机关沟通的方式、期限，且应当将沟通情况向上一级检察机关报告。对于分别管辖的案件，检察机关应当就移送审查起诉有关事宜与监察机关加强沟通，协调一致，由检察机关依法对全案审查起诉。

（三）监察人员违法案件侦查权

2018 年刑事诉讼法修改过程中，立法者意识到检察机关对"事"的监督的重要性，因此赋予了其刚性的自侦权，即保留了检察机关在履行法律监督职责范畴内对发现的司法人员利用职权侵害公民各项权利的侦查权。[①]但是，其中缺失了重要一环，即对违法监察人员的侦查问题。检察机关这种纯粹对"事"的监督效果有限，无法如愿发挥对监察的制约作用，为呼应检察机关的监督定位，在未来改革中应当将监察人员违法履职的情形纳入检察机关自侦权的范围，借此维系分工配合、相互制约的权力格局。

（四）监察案件立案监督权

在实践中，公安机关有时会基于各种理由，对发生的刑事案件视若无睹，不予立案。对于监察机关处理的监察案件，同样可能存在应予立案而未立案的情形，但是监察法却未对此作出规范，而这也形成了检察机关法律监督权的"真空地带"，对于这种规范缺位的情形在未来应当予以填补，在嗣后监察法律制度完善过程中应当正式确立检察机关对监察案件的立案监督权，以此补足法律监督权行使中缺失的重要一环。

四、检察机关与侦查机关的职能协调改革

当前，检察机关主要通过批捕权展开监督，这种模式过于单一化，应当探索更多侦查监督路径。因此，为进一步贯彻检察权的有效运行，此时应当对检察机关与侦查机关协作与制约方面积极着力，力图使两机关在合作中达到刑事案件侦查的最佳处理效果。

（一）侦诉关系新模式——侦诉协作机制

侦查理念作为制定相关侦查程序制度的理论基础和开展侦查活动的方针，长期以来，为何良法却未带来善治？这一问题一直困扰着我们，根本原因就在于侦查机关一直以来固守传统惩罚犯罪的观念，缺乏现代诉讼理念。没有正确的理念，再好的法律在实施中也只能沦为具文。因此，应当

[①] 朱孝清：《国家监察体制改革后检察制度的巩固与发展》，载《法学研究》2018 年第 4 期。

重塑侦查理念，将惩罚犯罪与保障人权同等重要的现代法治理念传导至侦查机关。为此，需要借助各种机制来对侦查机关进行校正。侦查机关这种希望重塑侦查理念，建构法治侦查程序的理念，此时就与检察机关希望扩展法律监督权限的理念形成了耦合。在两种理念的共同作用下，建立一种新型侦诉关系就成了必然。

在大陆法系国家一般实行检警合一的体制，公诉权本身蕴含着利用侦查权实施公诉的意味，因而推导出检察机关直接指挥侦查机关，这体现出原初意义上的公诉权本身就存在对侦查权进行控制的意味。考虑到中国目前侦诉分立、双方地位相仿的现状，公诉权的这种控制权在效力上极为有限。这种控制是一种合作而非联合，是一种宏观方面的协作机制，目的在于指导侦查工作的展开，而非主宰或管控。这种模式强调大家在宪法和法律确定的关系框架内，各司其职、彼此协同、互不掣肘，检察官和警察既不是一伙的，但也不是互相独立、各行其道。① 这种侦诉机关的协作具有一定的兼容性，即侦查机关与公诉机关在相互协调、相互配合的过程中能对双方的不当行为双向制约，而这种制约是适度的，并不会破坏双方的自主性和积极性，反而会最终促进双方诉讼目标的一致实现。② 通过确立侦诉协作的理念，一方面对于侦查机关而言，可以帮助侦查机关重塑侦查理念，规范侦查程序，保障犯罪嫌疑人合法权益。另一方面，对于检察机关而言，通过侦诉协作既提前介入案件处理，保障公诉权的有效实现，又规范了侦查机关的行为，使其法律监督机关的地位也得以巩固。

（二）侦诉协作机制的重要手段——侦查过程"可视化"

传统侦诉合作的模式一直未能持续，一项重要原因就是双方信息无法进行及时共享。但是，随着人工智能和大数据时代的到来，为双方的合作提供了新的机会。现在，侦查机关可以利用新兴技术及时与检察机关进行信息共享。例如，现在虚拟现实技术（VR）发展极为迅速，传统现场勘验是通过照片来标记证据位置，即使使用电子设施也只是偶尔会使用摄像机，而这无可避免地会使侦查人员遗漏某些细节。运用 VR 技术勘验现场，一方面可以最大限度地保留现场痕迹，另一方面也可以降低污染现场的风

---

① 陶建军：《公诉主导型刑事指控体系的构建——以审判为中心背景下刑事诉讼审前程序侦诉关系为视角》，载《人民检察》2017 年第 19 期。

② 潘金贵：《侦诉协作机制研究》，中国检察出版社 2016 年版。

险。更为重要的是，这种勘验现场的信息化提高了信息传输速度，公安机关既不必移送案件，检察机关也不必到场即可知晓现场状况，这就为侦诉协作提供了信息交换基础。当然，运用 VR 技术只是辅助侦诉协作的一种手段，未来侦查机关和检察机关还可以探索更多方式促进两者的合作。

五、检辩关系机制改革

当前，律师界正在积极开展制度改革探索，以期提高自身在诉讼中的地位。律师可以作为外部"权利"监督者，当检察机关出现不合法或不正当的行为时，可以发表看法加以指出，而这有助于保障检察机关在法治范畴内履行职务。由此可见，律师制度的完善对于检察机关改革也同样有着重要意义。为了促进检察机关业务提升，未来律师制度可以从以下几个方面展开。

（一）律师调查取证权

依照当前法律的规定，律师有调查取证权。但毫无疑问，赋予律师的调查取证权并非毫无约束。首先，这种权利不可能是积极的。由于侦查阶段，侦查机关正在收集证据，如果律师贸然取证，可能会影响侦查进程，阻碍案件正常进行。只有当被追诉方主动提供线索时，律师方可调查取证。其次，调查取证的范围应当有限制。基于辩护人的属性，律师只能调取对犯罪嫌疑人有利的证据。最后，律师进行调查取证，还应当遵循侦查秘密原则。

（二）值班律师制度

与检察职能密切相关的另一项制度是值班律师制度，尤其是在认罪认罚案件处理过程中，值班律师在某种意义上是检察官的"合作者"，协助其正确行使职权。为进一步提升检察机关业务能力，应当从以下几个方面入手完善值班律师制度。[①]

首先，值班律师的地位问题。实践中，值班律师制度效果不容乐观，由于对其法律定位不明，因而未能赋予值班律师阅卷权等权利，这使得值班律师见证人化趋势明显，无法发挥应有效果。此时可以将值班律师定位为一种帮助人，只能处理不涉及实体问题的程序性问题，而一旦涉及实体

---

① 李艳飞：《值班律师制度的实证考察与改革展望》，载《行政与法》2019 年第 3 期。

问题，就应当及时向犯罪嫌疑人说明情况，由其决定是直接聘请值班律师还是另行聘请律师。

其次，建立相应激励机制。大部分地区值班律师待遇微薄，但是责任较重，有些法律咨询业务已经超过了法律帮助的范畴，工作并没有得到相应的回报。为此，应当尽快制定相应标准，提升值班律师待遇。

最后，合理配置值班律师。值班律师制度运行成本较大，如果没有足够实践需求而径行建立这种制度，从制度成本来看是不符合效益原则的。因此，应当参照各地律师资源、律师执业的情况，不宜采取"一刀切"统一调配的方式，而应当采取灵活多样的、坐班与不坐班结合的多元化方式来展开值班律师业务。①

中国检察体制改革取得了累累硕果，但毋庸讳言，也有着现实的改革压力。一直以来，检察机关较高的宪法地位与具体监督方式狭窄之间矛盾比较突出，检察机关的依法独立行使职权亟待强化。司法体制改革与监察体制改革两项改革任务叠加，使检察机关司法办案面临前所未有的新形势。因此，中国检察体制改革也是势在必行，特别是在当前"法治中国"建设如火如荼，依法治国理念深入人心的新时代，中国的检察体制是改革顺应历史发展潮流的重要制度改革。20 世纪 70 年代末至 80 年代初以来，我们以不寻常的姿态和力度，推动着这个国家的法律和制度向前发展，不时有法律出台，对于既存的法律，也经常进行调整和更替，对制定、执行、适用法律的各个环节都提出高标准和严要求，国家为此投入了巨大的努力。社会主义法治成为这一时代人民的共识和国家的基本方针。正是在这个大背景下，检察体制凸显了其作用，故对它的研究，自然也不能忽视。对于正在厉行法治的中国政府，关键是要通过"一纵一横"的两个维度的研究（纵是对中国检察历史的研究，横是对同时代域外检察制度的研究），概括出满足国家治理现代化的需要，接纳人类文明的一切有益的相关成果，以明确自身的使命和价值，让本土的检察文化得以形成，并调整现实的社会关系。我们必须在具备国际视野的同时，秉持家国情怀，结合中国的语境和实际，最终实现中国现代检察制度的建构。

---

① 吴宏耀：《我国值班律师制度的法律定位及其制度构建》，载《法学杂志》2018 年第 9 期。

鸣谢

本书在后期整理过程中，时任山西省文水县人民检察院主持日常工作的副检察长柳飞同志做了大量辛苦、细致的工作，在此付梓出版之时，谨致特别感谢！